1001 nacht

Illustrierte Märchen aus tausendundeiner Nacht

Inhalt

Aladin und die Wunderlampe

Illustriert von Catalina Estrada Uribe

Es lebte einmal ein armer Schneider, der hatte einen Sohn namens Aladin. Einen nichtsnutzigen, müßigen Knaben, der den ganzen Tag damit verbrachte sich mit anderen seiner Art in den Straßen die Zeit beim Spiel zu vertreiben. Dies verdross seinen Vater so sehr, dass er erkrankte und verstarb. Auch alle Tränen und Bitten seiner Mutter brachten Aladin nicht zur Vernunft.

Eines Tages, als er sich wie immer mit den Gassenjungen herumtrieb, trat ein Fremder auf ihn zu und fragte, wie alt er wäre und ob er nicht des Schneiders Mustapha Sohn sei. »Das bin ich«, antwortete Aladin, »aber er ist schon lange tot.« Bei diesen Worten fiel der Fremde, der ein berühmter Zauberer aus Afrika war, Aladin um den Hals, umarmte und küsste ihn, und sprach endlich mit Tränen in den Augen: »Ach mein Sohn, ich bin dein Oheim, und dein Vater war mein geliebter Bruder. Ich habe dich gleich an der Ähnlichkeit deiner Gesichtszüge erkannt. Eile zu deiner Mutter und sage ihr, dass ich sie besuchen werde.«

Aladin lief nach Hause und erzählte seiner Mutter von der Begegnung. Diese aber sprach: »Es ist wahr, dein Vater hatte einen Bruder, doch ich dachte, jener wäre schon vor langer Zeit gestorben.« Dennoch richtete sie für den Fremden ein Mahl her, und als sie gespeist und geredet hatten, schlug der vermeintliche Oheim vor, am nächsten Tag mit seinem Neffen in die Stadt zu gehen, um mit diesem alle notwendigen Besorgungen für das Einrichten eines Kaufladens zu machen. Dieses Angebot schmeichelte Aladin sehr; er hatte keine Neigung, irgendein Handwerk zu erlernen, hingegen aber bemerkt, dass die Läden, von denen sein Onkel sprach, immer stark besucht und die Kaufleute gut gekleidet und hoch geachtet waren. Auch die Mutter zweifelte nach so glänzenden Versprechungen nicht mehr an den lauteren Absichten des Fremden und ließ ihren Sohn bereitwillig mit ihm fortziehen.

Am nächsten Morgen führte der Zauberer Aladin zunächst durch die Viertel der Krämer und Händler, danach aber weiter durch die Gärten aus der Stadt hinaus. Er durchwanderte mit ihm eine Ebene, die sie allmählich in die Nähe der Berge leitete, indem er Aladin mit verschiedenen anmutigen Geschichten ablenkte, um ihm den Weg weniger langweilig und die Ermüdung erträglicher zu machen.
Endlich gelangten sie zwischen zwei Berge von gleicher Höhe, die nur durch ein schmales Tal getrennt waren. Dies war die Stelle, wohin der Zauberer Aladin hatte bringen wollen, um einen großen Plan auszuführen. Aus diesem Grunde war er den ganzen weiten Weg von Afrika hierher gekommen. »Wir sind jetzt an Ort und Stelle«, sagte er zu Aladin, »ich werde dir hier außerordentliche Dinge zeigen, die allen übrigen Sterblichen unbekannt sind. Während ich jetzt mit dem Stahl Feuer schlage, häufe du hier so viel trockenes Reisig zusammen, als du nur auftreiben kannst, damit wir ein Feuer anmachen.« Als das Feuer entzündet war, warf der Zauberer etwas von einem Pulver darauf, das er bei sich trug, und murmelte dazu einige Zaubersprüche. In diesem Augenblick erbebte die Erde ein wenig, öffnete sich und ließ einen flachen, quadratischen Stein erscheinen mit einem bronzenen Ring in der Mitte, um ihn daran hochzuheben. Aladin erschrak über das, was vor seinen Augen vorging, und wollte die Flucht ergreifen. Der Zauberer aber hielt ihn zurück und gab ihm eine so derbe Ohrfeige, dass er zu Boden fiel. Zitternd und mit Tränen in den Augen rief der arme Aladin: »Mein Oheim, was habe ich denn getan, dass du mich so grausam schlägst?« – »Ich habe meine Gründe«, antwortete der Zauberer. »Ich bin dein Oheim, der jetzt Vaterstelle an dir vertritt, und du darfst mir in nichts widersprechen. Aber«, fügte er in etwas milderem Ton hinzu, »du brauchst dich nicht zu fürchten, mein Sohn. Vernimm jetzt, dass unter diesem Stein hier ein Schatz verborgen liegt. Keinem Menschen auf der ganzen Welt außer dir ist es erlaubt, diesen Stein anzurühren, um hineinzugelangen. Deshalb musst du genau ausführen, was ich dir sage, ohne etwas zu versäumen.«
Aladin folgte also den Anweisungen des Zauberers, fasste den Ring und sprach dabei den Namen seines Vaters und seines Großvaters; hob den Stein mit Leichtigkeit auf und legte ihn beiseite. Als der Stein weggenommen war, sah er in eine Höhle mit Stufen und einer kleinen Tür, um noch weiter hinab zu steigen. »Mein Sohn«, sprach jetzt der afrikanische Zauberer zu Aladin, »steig nun in diese Höhle hinab, du wirst eine offene Tür finden, die dich in drei große Säle führen wird. In jedem

derselben wirst du rechts und links Truhen voll Gold und Silber sehen; aber hüte dich wohl, sie anzurühren. Raffe deinen Umhang und gehe hindurch, ohne auch nur die Wände mit deinem Kleide zu berühren, sonst musst du auf der Stelle sterben. Am Ende des dritten Saales ist eine Tür, durch die du einen mit schönen und reich beladenen Obstbäumen bepflanzten Garten betreten wirst. Gehe nur immer geradeaus, bis du zu einer Nische in einer Terrasse kommst mit einer brennenden Lampe darin. Diese Lampe nimm, lösche sie aus, gieße das Öl auf den Boden und bringe sie mir. Gelüstet es dich nach den Früchten im Garten, so kannst du davon abpflücken, so viel du willst; dies ist dir nicht verboten.« So sprechend, zog der Zauberer einen Ring von seinem Finger und steckte ihn an einen Finger Aladins. Dies, sagte er zu ihm, sei ein Mittel gegen alles Unglück, das ihm begegnen könnte, sofern er nur seine Vorschriften genau befolge.

Aladin stieg in die Höhle hinab, fand alles, wie der Magier es beschrieben hatte, steckte einige von den wundervoll glitzernden künstlichen Früchten, die er für gefärbtes Glas hielt, unter seine Jacke, und erschien wieder am Eingang der Höhle, wo der schwarze Zauberer ihn mit Ungeduld erwartete. Sobald Aladin ihn erblickte, rief er ihm zu: »Lieber Oheim, ich bitte dich, reich mir die Hand und hilf mir heraus.« – »Mein Sohn«, antwortete der Meister, »gib mir zuvor die Lampe, sie könnte dir hinderlich sein.« – »Das werde ich nicht tun«, weigerte sich Aladin, »sie hindert mich nicht; ich werde sie dir geben, sobald ich oben bin.« Da geriet der afrikanische Zauberer vor Ärger über die Widerspenstigkeit des jungen Menschen in schreckliche Wut, warf etwas von seinem Pulver in das Feuer, und kaum hatte er zwei Zauberworte gesprochen, als der Stein sich von selbst wieder an seine alte Stelle rückte, so dass alles wieder in denselben Stand kam wie vor ihrer Ankunft.

Nach diesen Geschehnissen floh der Zauberer umgehend aus Persien, was klar und deutlich zeigt, dass er kein Onkel Aladins war. Er hatte in einem seiner magischen Bücher von einer Lampe gelesen, die ihn zum mächtigsten Mann der Welt machen würde. Obwohl er herausgefunden hatte, wo sie zu finden sein würde, konnte er sie doch nicht anders empfangen als durch die Hand eines anderen; und zu diesem Zweck hatte er Aladin erkoren, da er ihm leicht zu übertölpeln schien. Von ihm wollte er die Lampe bekommen und ihn hernach töten. Allem Anschein nach war Aladin nun verloren. Zwei Tage saß er dort in der Dunkelheit, klagte und jammerte. Endlich rang er in seiner Verzweiflung die Hände und faltete sie zum Gebet, und während er dies tat, rieb er unmerklich an dem Ring, den der Zauberer von seinem Finger zu nehmen vergessen hatte. Alsbald stieg vor ihm ein Geist auf von ungeheurer Größe und fürchterlichem Aussehen, der mit seinem Kopf das oberste Gewölbe berührte, und zu ihm sprach: »Was willst du? Ich bin der Sklave des Rings, und ich werde dir in allen Dingen gehorchen.« Zu ermattet, um Furcht zu empfinden, erwiderte Aladin ohne Stocken: »Befrei mich aus diesem Ort!« Daraufhin öffnete sich die Erde und er fand sich auf dem Feld wieder. Sobald sich seine Augen wieder an das Tageslicht gewöhnt hatten, machte er sich auf den Weg nach Hause und fiel dort vor Entkräftung auf der Türschwelle nieder. Als er erwachte, erzählte er seiner Mutter, was ihm geschehen war und zeigte ihr die Lampe und die seltsamen Früchte, die in Wirklichkeit aus Edelsteinen gemacht waren. Dann bat er sie um etwas zu essen. »Ach, lieber Junge«, antwortet sie, »ich habe nichts im Hause außer einem bisschen Brot, aber ich habe etwas Baumwolle gesponnen; die werde ich verkaufen und von dem Geld etwas zu Essen holen.« Aladin sagte, sie könne ihre Baumwolle für eine andere Gelegenheit aufsparen und stattdessen die Lampe verkaufen, die er aus der Höhle mitgebracht habe. Da

die Lampe alt und schmutzig aussah, wollte die Mutter sie vorher polieren, um einen höheren Preis dafür zu erzielen. Kaum aber hatte sie mit ihrem Lappen ein wenig daran gerieben, als wieder ein Geist erschien, womöglich noch größer und scheußlicher als der erste, und mit Donnerstimme fragte: »Was willst du? Ich bin der Sklave der Lampe und werde dir in allen Dingen gehorchen.« Die Mutter war beim ersten Anblick dieser Erscheinung in Ohnmacht gefallen. Aladin dagegen ergriff, ohne Zeit oder die Besinnung zu verlieren, schnell die Lampe und antwortete anstelle seiner Mutter mit festem Ton: »Ich habe Hunger, bring mir etwas zu Essen.« Der Geist verschwand und kam augenblicklich wieder mit einer großen silbernen Schale auf dem Kopf, worin sich zwölf silberne Schüsseln voll der erlesensten Speisen und sechs Brote vom weißesten Mehl befanden, und zwei Flaschen des köstlichsten Weines nebst zwei silbernen Bechern in der Hand. Er stellte alles zusammen auf ein Kissen und verschwand sogleich. Aladins Mutter, als sie wieder zu sich kam, wunderte sich, woher all diese Köstlichkeiten kämen. »Liebe Mutter«, sagte Aladin zu ihr, »es ist weiter nichts, wir wollen diese guten Speisen nicht kalt werden lassen, sondern essen.«

Ihr Frühstück dehnte sich bis zum Mittag aus, und als sie endlich keinen Bissen mehr herunterbringen konnten, begehrte Aladins Mutter zu wissen, wie sie denn nun zu so unverhoffter Speisung gelangt seien. Da erzählte ihr Aladin von dem Geist in der Lampe. Die Mutter aber fürchtete sich und beschwor ihn, die Lampe fortzugeben, da solches nur mit teuflischer Hilfe zugehen könne. Aladin aber antwortete: »Da nun der Zufall uns ihre geheime Kraft entlockt hat, so wollen wir möglichst vorteilhaften Gebrauch davon machen, aber ohne Aufsehen zu erregen, damit unsere Nachbarn nicht neidisch und eifersüchtig werden. Auch den Ring wegzuwerfen, kann ich mich unmöglich entschließen. Ohne diesen Ring hättest du mich nie wieder gesehen, ohne ihn würde ich jetzt nicht mehr leben. Wer weiß, ob mir nicht irgendwann einmal eine andere Gefahr zustößt, die wir beide nicht voraussehen können, und aus der er mich vielleicht befreit?« Da Aladins Bemerkung sehr richtig schien, wusste seine Mutter nichts mehr einzuwenden. Am anderen Tage verkaufte Aladin nacheinander das Silbergeschirr; und als ihm das damit erlöste Geld ausging, wendete er sich wieder an den Geist, der ein neues Geschirr herbeibrachte. So lebten sie mehrere Jahre ohne Sorgen vom guten Gebrauch der Lampe.

Eines Tages, als er in der Stadt spazieren ging, hörte Aladin mit lauter Stimme einen Befehl des Sultans ausrufen, dass jedermann seinen Laden und seine Haustür schließen und sich ins Innere seiner Wohnung zurückziehen solle, bis die Prinzessin Bedrulbudur, die Tochter des Sultans, zum Bade gegangen und wieder zurückgekehrt sein würde. Dieser öffentliche Aufruf erweckte in Aladin die Neugier, die Prinzessin entschleiert zu sehen. Er stellte sich hinter die Tür des Bades und blickte durch einen Ritz, der groß genug war, dass er sehen konnte, ohne gesehen zu werden. Drei oder vier Schritte vor der Tür des Bades nahm sie den Schleier ab, und Aladin, der bis dahin außer seiner Mutter noch nie eine Frau mit entschleiertem Gesicht gesehen hatte, war wie geblendet von ihrer Schönheit und blieb verwirrt und entzückt zurück. Als Aladin nach Hause kam, konnte er seine Verwirrung und Unruhe nicht vor seiner Mutter verbergen. Er enthüllte ihr, dass er in Liebe zur Prinzessin Bedrulbudur entbrannt sei und entschlossen sei, die Mutter zum Sultan zu schicken und um des SultansTochter Hand bitten zu lassen. Als sie das hörte, brach seine Mutter in Gelächter aus. Aladin aber ließ sich von seinem Willen nicht abbringen, und so tat sie am Ende alles, was ihr

Sohn wünschte. Sie wickelte die künstlichen Früchte, die wie ein Feuerwerk funkelten, in ein Tuch und nahm sie als Präsent für den Sultan mit sich. Hinter dem Großwesir und den Herren des Hofes trat sie in den Audienzsaal, stellte sich dem Sultan genau gegenüber und verharrte dort geduldig, bis die Sitzung geschlossen war. Gleiches wiederholte sich an den folgenden Tagen der Woche, der Sultan aber schien keine Notiz von ihr zu nehmen. Am sechsten Tag endlich sagte der Sultan, als er nach aufgehobener Sitzung in seine Gemächer zurückgekehrt war, zu seinem Großwesir: »Schon seit einiger Zeit bemerke ich eine gewisse Frau, die jeden Tag kommt und etwas in Leinwand eingehüllt in der Hand hält. Rufe sie beim nächsten Mal zu mir, damit wir sehen, was sie von uns will.«

Am nächsten Tage kam Aladins Mutter auf ein Zeichen des Wesirs zum Fuße des Thrones und warf sich vor dem Sultan auf die Knie. Daraufhin forderte er sie auf, sich zu erheben und ihr Anliegen zu schildern. Sie zögerte und bat den Sultan darum, alle Anwesenden außer dem Wesir aus dem Saale zu schicken, da sie sonst zu ängstlich sei, den Grund ihres Vorsprechens zu gestehen. Dann erzählte sie ihm von der unglückseligen Liebe ihres Sohnes zur Prinzessin und bat ihn, ihr zu vergeben, dass sie es überhaupt gewagt hatte, mit solch frechem Verlangen vor ihn zu treten. Der Sultan aber hörte sie mit Milde und Güte an und fragte freundlich, was sie denn in ihrem Tuche bei sich trage. Daraufhin enthüllte sie die Juwelen und zeigte sie ihm.

Beim Anblick dieser Früchte geriet der Sultan außer sich vor Überraschung und Freude, da solch vollkommene Edelsteine in solcher Zahl selbst im Palast des Herrschers noch nicht erblickt worden waren. »Ja nun«, wandte er sich an seinen Großwesir, »was sagst du zu diesem Geschenk? Kann ich die Prinzessin, meine Tochter, nicht für diesen Preis dem Mann geben, der um sie anhalten läßt?« Diese Worte versetzten den Großwesir in peinliche Unruhe. Er hatte sich nämlich erhofft, seinen eigenen Sohn mit der Prinzessin verheiraten zu können, und bat daher um einen Aufschub von drei Monaten, während derer er seinem Herrscher ein noch wertvolleres Geschenk herbeizuschaffen sich erbot. Der Sultan räumte ihm dies ein, und so wurde Aladins Mutter zwar mit der Zusage der Ehe nach Hause geschickt, aber auch mit der Bitte, vor Ablauf von drei Monaten nicht wieder bei Hofe zu erscheinen.

Als Aladin diese Nachricht hörte, hielt er sich für den glücklichsten aller Sterblichen.

Er machte sich geduldig daran, die drei Monate abzuwarten, aber als zwei bereits vergangen waren, ging seine Mutter in die Stadt um Lampenöl einzukaufen, und fand dort jedermann festlich gestimmt. Sie fragte den Krämer nach dem Anlaß der Feierlichkeiten. »Woher kommst denn du, liebe Frau?«, gab ihr dieser zur Antwort; »Bist du die Einzige die nicht weiß, dass der Sohn des Großwesirs heute abend die Prinzessin Bedrulbudur heiratet?« Aladins Mutter lief eilig nach Hause und berichtete ihrem Sohn atemlos von dieser Wendung der Umstände. Dieser war für einen Moment vom Kummer niedergedrückt, besann sich dann aber seiner Lampe. Er rieb sie, und im selben Moment erschien der Geist und fragte ihn nach seinem Begehr. Aladin erwiderte: »Der Sultan hat sein Versprechen gebrochen, und der Sohn des Wesirs soll die Prinzessin bekommen. Mein Befehl lautet, dass du Braut und Bräutigam in dieser Nacht hierher in mein Haus bringst.« – »Mein Gebieter, ich werde dir gehorchen«, sagte der Dschinni. Kaum war das frisch vermählte Paar zu Bett gebracht worden, als der Geist zum großen Erstaunen beider das Bett, worin sie lagen, nahm und binnen eines Wimpernschlages in Aladins Zimmer trug. Aladin duldete nicht, dass der Sohn des Großwesirs bei der Prinzessin liegen blieb. »Nimm diesen jungen Ehemann«, sagte er zu dem Geist, »sperre ihn ins heimliche Gemach, und komm morgen früh bei Tagesanbruch wieder.« Woraufhin der Geist den Mann ergriff und ihn im bloßen Hemd in den bezeichneten Raum sperrte, wo er stehen bleiben musste, ohne sich von der Stelle rühren zu können.

Aladin blieb mit der Prinzessin allein. »Du musst dich nicht fürchten«, sprach Aladin zu ihr, »von deinem ungetreuen Vater bist du mir zur Gattin versprochen worden, und kein Härchen soll dir gekrümmt werden.« Die Prinzessin jedoch lag starr vor Schreck und verbrachte schaudernd die verdrießlichste Nacht ihres Lebens. Aladin bettete sich an die Seite der Prinzessin, legte aber sein Schwert zwischen ihre Leiber zum Zeichen, dass er damit bestraft zu werden verdiente, wenn er sich gegen ihre Ehre vergehen sollte. Am anderen Morgen erschien der Geist zur vereinbarten Stunde, steckte den zitternden Ehemann zurück ins Bett und transportierte die beiden zurück in den Palast, wie er sie geholt hatte. Kaum hatte der Geist das Brautbett wieder an seinen Ort gestellt, als der Sultan ins Zimmer trat, um einen guten Morgen zu wünschen. Der Sohn des Großwesirs sprang auf und eilte ins Vorzimmer um sich zu bedecken, die Prinzessin aber saß nur kummervoll da und sagte kein Wort. Der Sultan wunderte sich über ihr Verhalten und

sandte nach ihrer Mutter, die das Kind zum Reden bewegen sollte. Die Prinzessin Bedrulbudur brach endlich das Schweigen mit einem tiefen Seufzer und schilderte ihr in den lebhaftesten Farben, was geschehen war. Die Sultanin aber wollte ihr das nicht glauben und erklärte es für die Phantasie eines bösen Traumes.

In der folgenden Nacht geschah genau das gleiche noch einmal. Als am nächsten Morgen die Prinzessin sich wiederum weigerte, dem Sultan die Ursache ihres Verdrusses zu enthüllen, drohte er, ihr den Kopf abzuschlagen. So gezwungen, gestand sie alles und bat ihren Vater, den Sohn des Großwesirs kommen zu lassen, damit er ihre Worte bestätigen könne. Dieser verhehlte die Wahrheit nicht länger und fügte noch hinzu, man möge seine Verbindung mit der Prinzessin auflösen, denn so sehr er sie auch liebe, würde er doch lieber sterben als sich noch ein einziges Mal den Schrecken einer solchen Nacht auszusetzen. Sein Wunsch wurde ihm gewährt, und in kurzer Zeit hörten alle öffentlichen Freudenbezeigungen und Festlichkeiten auf.

Aladin ließ indes die drei Monate vollends verstreichen, und als sie vorüber waren, schickte er gleich am anderen Morgen seine Mutter in den Palast, um den Sultan an sein Wort zu erinnern. Kaum hatte der Sultan einen Blick auf sie geworfen, so erkannte er sie auch wieder. Da der gemeine Aufzug, in welchem sie vor ihm erschienen war, ihre Herkunft von geringem Stande belegte, fühlte er sich weniger denn je dazu geneigt, sein Versprechen zu halten. Er fragte daher erneut den Großwesir um Rat und sprach dann wie folgt zu ihr: »Gute Frau, ein Sultan muss sich seiner Versprechen erinnern, so wie ich meine halten werde. Ich werde aber meine Tochter nicht vermählen, ohne zu wissen, welche Vorteile sie sich davon versprechen kann, und so fordere ich deinen Sohn auf, mir vierzig Schalen von purem Golde zu bringen, angefüllt mit Juwelen, und getragen von vierzig schwarzen Sklaven, die von vierzig weißen Sklaven dahergeführt werden, allesamt reich gekleidet.« Der Sultan dachte, dass eine solche Bedingung selbst von einem reichen Mann schlechterdings unerfüllbar wäre und er sich so seines Versprechens abgetan hätte. Aladin aber vernahm die Forderung des Sultans frohen Mutes und befahl dem Dschinni aus der Lampe, ihm alsbald das gewünschte herbeizuschaffen. Wenige Augenblicke später waren die achtzig Sklaven schon da und füllten das gesamte Haus und den winzigen Garten. Aladin hieß sie sich zu Paaren formieren und zum Palast marschieren, gefolgt von seiner Mutter. So zog der Zug durch die Gassen, und jedermann drängte sich herbei, um einen Blick auf die wie Edelleute gekleideten Sklaven in ihren prächtigen Gewändern und ihre kostbare Fracht zu werfen.

Sie traten in den Palast, warfen sich vor dem Thron auf die Knie und standen dann im Halbkreis mit gekreuzten Armen, während Aladins Mutter, jetzt ebenfalls angetan mit Gewändern, die einer Königin würdig gewesen wären, dem Sultan diese märchenhafte Pracht als Brautgeschenk darbot. Dieser konnte nun nicht länger zögern und bat sie, ihren Sohn so bald als möglich an den Hof zu rufen, er werde ihn mit offenen Armen und großer Freude als seinen Schwiegersohn empfangen.

Sie verlor keine Zeit, Aladin diese frohe Botschaft zu übermitteln und ihn zur Eile anzutreiben. Aber Aladin rief zunächst noch einmal den Dschinni herbei. »Ich brauche ein parfümiertes Bad«, wies er ihn an, »einen reich bestickten Anzug, ein Reitpferd, das an Rasse und Wuchs das kostbarste des Sultans übertrifft, und zwanzig Sklaven, die mir aufwarten sollen. Außerdem sechs schön gekleidete Sklavinnen zur Begleitung meiner Mutter, und zehntausend Goldstücke in zehn Beuteln.«

Wie gesagt, so vollbracht. Aladin bestieg sein Pferd und ritt durch die Straßen zum Palast. An seiner Seite streuten die Sklaven die Goldstücke unters Volk. Diejenigen, die früher einmal mit ihm in den Gassen gespielt hatten, erkannten ihn nicht wieder, so hatte sich seine Erscheinung verändert. Seiner edlen Haltung wurde ebenso Beifall gezollt wie seiner Freigebigkeit. Als der Sultan ihn ankommen sah, stieg er selbst von seinem Thron herab, um ihn zu umarmen und in eine Halle zu führen, in der bereits alle Vorbereitungen für das Hochzeitsfest getroffen waren, da er ihm die Prinzessin noch am selben Tag zur Frau geben wollte. Aladin aber bat um etwas Zeit, bis er als Geschenk für seine zukünftige Frau einen Palast errichtet hätte, der ihrem Rang und ihrer Würde angemessen wäre. Er wies den Geist der Lampe an, ihm einen Palast aus feinstem Marmor zu bauen, verziert mit Jaspis, Achat und anderen kostbaren Steinen. Im Mittelpunkt des Palastes sollte sich eine große Halle befinden mit einer Kuppel, in deren goldenen und silbernen Wänden sechs Fenster angeordnet sein sollten.

Schon am nächsten Morgen stand der Palast am vorgesehenen Platz, und ein samtener Teppich führte von seinem Portal zu dem des Sultanspalastes. Daraufhin kleidete sich Aladins Mutter sorgfältig an und begab sich mit ihren Sklaven auf den Weg, um die Prinzessin heimzuführen. Der Sultan begrüßte die Abordnung mit Zimbeln und Trompeten, und die Luft hallte wider von Ausrufen der Begeisterung und den Klängen der Musik. Sie wurde in das Gemach der Sultanstochter geführt, die sie mit großer Ehrerbietung willkommen hieß. Am Abend verabschiedete sich Prinzessin Bedrulbudur unter Tränen von ihrem Vater und schritt an der Seite von Aladins Mutter auf den neuen Palast zu, gefolgt von einhundert Sklaven. Als sie Aladin auf sich zueilen sah, war sie sofort bezaubert von seinem Anblick. »Prinzessin«, sprach er zu ihr, »sollte ich euch durch die Verwegenheit, mit der ich in den Besitz einer so liebenswürdigen Dame zu kommen trachtete, euer Missfallen erregt haben, so ist dies allein der Macht eurer Schönheit zuzuschreiben.« Sie antwortete ihm, dass sie nun, nachdem sie ihn gesehen habe, dem Willen des Sultans mit Freuden Folge leisten würde. So wurde das Fest ihrer Hochzeit mit großer Pracht gefeiert, und um Mitternacht begab sich das glückliche Brautpaar zu Bett. Am nächsten Tag lud Aladin den Sultan ein, den Palast zu besichtigen. Als dieser den Saal mit den vierundzwanzig Fenstern betrat, mit ihren Gittern aus Rubinen, Diamanten und Smaragden, konnte er nicht umhin auszurufen: »Es kommt einem Weltwunder gleich! Noch nie habe ich etwas so Vollkommenes gesehen.« Der Sultan zeigte sich entzückter als je zuvor über den unermesslichen Reichtum seines Schwiegersohns; der Großwesir indes nährte bei sich den Gedanken, dass solch Unerhörtes nur mit Zauberei vor sich gegangen sein könnte. Aladin indes gewann die Zuneigung des ganzen Volkes durch seine freundliche und freigiebige Art. Er wurde vom Sultan an die Spitze seiner Armee gesetzt und gewann für ihn mehrere Schlachten, blieb aber trotz seines großen Erfolges so bescheiden und höflich wie zuvor und lebte auf diese Weise viele Jahre in Ruhe und Frieden und genoss das Glück mit seiner angetrauten Prinzessin.

Aber weit, weit entfernt in Afrika erinnerte sich jemand an ihn, und das war niemand anderes als der Zauberer. Mit seinen Hexenkünsten hatte er herausgefunden, dass Aladin entflohen war und eine Prinzessin geheiratet hatte, mit der er in großem Wohlstand lebte. Er wusste, dass der Sohn eines armen Schneiders solches nur mit Hilfe der Lampe erreicht haben konnte. Er reiste Tage und Nächte bis er in der Hauptstadt des persischen Reiches angelangt war, entschlossen, Aladin ins Unglück zu stürzen. Während der Zauberer durch die Stadt ging, hörte er die

Leute allerorten von einem wunderbaren Palast sprechen. »Vergebt mir mein Unwissen«, redete er sie an, »aber von welchem Palast ist die Rede?« – »Habt ihr denn noch nicht von Prinz Aladins Palast gehört«, war die Erwiderung, »dem größten Wunder auf Gottes Erde? Ich kann euch dort hinführen, wenn euch der Sinn danach steht.« Der Zauberer dankte dem, der so gesprochen hatte, und nachdem er den Palast erblickt hatte, unverkennbar errichtet von dem Geist der ihm entgangenen Wunderlampe, wurde er halb verrückt vor Zorn. Er schwor sich, der Lampe habhaft zu werden und Aladin in bitterste Armut zurück zu versetzen.

Das Unglück wollte es nun, dass zu dieser Zeit Aladin für acht Tage auf die Jagd geritten war, so dass dem Zauberer reichlich Zeit für die Ausführung seiner Pläne blieb. Er erwarb ein Dutzend kupferne Lampen, legte sie in einen Korb und ging damit zum Platz vor Aladins Palast, in einem fort ausrufend: »Wer will alte Lampen gegen neue tauschen?« Eine große Menge versammelte sich um ihn und lachte über die Narrheit des Alten, der so günstig seine Ware feilbot. Die Prinzessin sandte eine Sklavin vor die Tür, um nachsehen zu lassen, woher der Lärm rührte, und diese kam lachend zurück und erzählte ihr von dem seltsamen Tauschgeschäft. Eine andere Dienerin, die dies hörte, rief aus: »Aber wir haben ja hier eine alte und hässliche Lampe, auf dem Gesims dort in der Ecke!« Dies aber war die magische Lampe, die der Prinz zurückgelassen hatte, da er sie nicht mit auf die Jagd nehmen konnte. Prinzessin Bedrulbudur, die nichts von deren wahrem Wert ahnte, schickte höchst amüsiert ihre Dienerin aus, das alte Stück gegen eine von des Händlers schönen neuen Lampen tauschen zu lassen. Sobald der Zauberer die Lampe hatte, verließ er den Platz und schlich sich vor die Tore der Stadt, wo er die Nacht abwartete. Dann holte er vorsichtig die Lampe heraus, rieb daran, und alsbald erschien der Geist und trug auf das Geheiß des Magiers ihn und Aladins gesamten Palast mitsamt der Prinzessin an einen einsamen Ort in Afrika.

Am nächsten Morgen sah der Sultan aus dem Fenster zu Aladins Palast und rieb sich verwundert die Augen, denn selbiger war spurlos verschwunden. Er rief nach dem Wesir, und dieser legte erneut dem Sultan dar, dass solches nur ein Werk der Zauberei sein könne, und dieses Mal musste ihm der Sultan Recht geben. Er befahl daher, Aladin bei seiner Rückkehr gefangen nehmen zu lassen und in Ketten an den Hof zu führen. Aber ein großer Teil der Bevölkerung, der Aladin wegen seiner Güte liebte, folgte ihm auf dem Weg und als der Sultan ihn auf der Stelle enthaupten lassen wollte, drohte es gewaltsamen Aufruhr zu geben. Dem Sultan blieb also nichts anderes übrig, als Aladin losbinden zu lassen, bis der Pöbel sich zerstreut hatte.

Aladin verlangte nun zu erfahren, was ihm vorgeworfen wurde. »Du falscher Schurke«, fuhr ihn der Sultan an, »komm her und sieh selbst!«, und er führte ihn ans Fenster und wies ihm die leere Fläche, wo vordem der Palast gewesen war. Aladin war so vor den Kopf geschlagen, dass er kein Wort herausbringen konnte. »Wo ist der Palast, und wo ist meine Tochter?«, ereiferte sich der Herrscher. »Um ersteren ist es mir nicht zu tun, aber meine Tochter musst du mir wiederbringen, sonst werde ich dir ohne Gnade den Kopf abschlagen lassen.« – »Herr«, antwortete Aladin, »ich flehe dich an, dass du mir vierzig Tage Frist gibst, um deine Tochter wiederzufinden, und gelingt es mir in dieser Zeit nicht, so gebe ich dir mein Wort, dass ich selbst meinen Kopf zu den Füßen deines Thrones niederlegen will, damit du nach Belieben darüber verfügst.« Seine Bitte ward ihm gewährt, und er schlich traurig davon. Drei Tage lang ging er in der ganzen Stadt umher wie einer, der den Verstand verloren hat, und fragte an jeder Tür, ob einer seinen Palast gesehen hätte; aber die Leute konnten nur den Kopf schütteln und ihn bedauern. Endlich kam er ans Ufer des Flusses, und dort kniete er nieder, um ein letztes Gebet zu sprechen, bevor er sich selbst hineinstürzen wollte. Aber während er dies tat, rieb er an dem magischen Ring, der immer noch an seinem Finger steckte.

Der Geist, den er schon einmal in der Höhle erblickt hatte, erschien und fragte ihn nach seinen Wünschen. Aladin antwortete: »Geist, rette mir zum zweiten Mal das Leben und sorge dafür, dass mein Palast unverzüglich an seinen alten Platz zurückgetragen wird.« – »Was du verlangst«, antwortete der Geist, »liegt nicht in meiner Macht, ich bin bloß der Sklave des Rings; wende dich darum an den Sklaven der Lampe«. – »Wenn dem so ist«, versetzte Aladin, »so bringe mich kraft des Ringes an den Ort, wo mein Palast ist.« Kaum hatte er diese Worte ausgesprochen, da fand er sich in Afrika wieder, dicht unter den Fenstern der Prinzessin, wo er vor großer Erschöpfung einschlief. Er erwachte vom morgendlichen Gesang der Vögel, und sein Herz war leichter und sein Gemüt klarer. Er erkannte, dass all sein Missgeschick damit zusammenhängen müsse, dass er die Lampe aus den Augen verloren hatte, und fragte sich vergeblich, wer sie ihm wohl geraubt haben könnte. An diesem Morgen war die Prinzessin früher als sonst aufgestanden, seit sie von dem Zauberer nach Afrika entführt worden war, dessen Gesellschaft sie täglich einmal hatte ertragen müssen. Sie gebärdete sich ihm gegenüber aber so kratzbürstig, dass er es vorzog, nicht im Palast mit ihr zu wohnen. Als sie beim Ankleiden war, sah eine ihrer Dienerinnen aus dem Fenster und erblickte Aladin. Die Prinzessin eilte herbei und bat ihn, zu ihr hineinzukommen. Groß war die Freude der beiden Liebenden über das Wiedersehen.

Nachdem er sie geküsst hatte, sagte Aladin: »Ich bitte dich um eines, Prinzessin, bevor wir von irgendetwas anderem reden, sage mir in Gottes Namen schnell, was aus einer alten Lampe geworden ist, die ich auf einem Sims in der Halle mit den vierundzwanzig Fenstern stehen ließ, als ich zur Jagd ging.« – »Oh vergib und verzeih« seufzte die Prinzessin, »ich ahne wohl, dass ich selbst die unschuldige Ursache all deiner Sorgen bin«, und erzählte ihm vom Umtausch der Lampe. »Nun weiß ich ohne Zweifel« rief Aladin aus, »dass wir all dies dem Zauberer verdanken. Wo bewahrt er die Lampe auf?« – »Er trägt sie bei sich«, antwortete die Prinzessin, »ich weiß es, denn er selbst holte sie einmal hervor, um sie mir zu zeigen. Er wollte meine Treue zu dir brechen und mich selbst heiraten, indem er mich belog, du wärst längst auf Geheiß meines Vaters geköpft worden. Immerzu spricht er schlecht von dir, aber ich antworte ihm nur mit bitteren Tränen. Wenn ich ihm weiterhin widerstehe, so zweifle ich nicht daran, dass er Gewalt anwenden wird.« Aladin sprach seiner Geliebten Trost zu und verließ sie für eine Weile. Mit der ersten Person, der er in der nahen Stadt begegnete, wechselte er die Kleider, und nachdem er bei einem Apotheker ein bestimmtes Pulver erworben hatte, kehrte er zurück zum Palast, wo ihn die Prinzessin durch eine kleine Seitentür hereinließ. »Hülle dich in deine schönsten Gewänder«, so wies er sie an, »und erwarte den Zauberer mit freundlichem Lächeln, so dass er denken muss, du hättest meiner inzwischen vergessen. Lade ihn ein, mit dir zu speisen, und verlange den Wein seines Landes zu kosten. Er wird in den Keller gehen, um welchen zu holen, und während er fort ist, werde ich dir zuflüstern, was weiter zu tun ist.« Die Prinzessin achtete sorgfältig auf die Worte Aladins, und als er gegangen war, putzte sie sich frohen Mutes heraus. Sie wählte einen Gürtel und einen Kopfschmuck aus Diamanten und konnte in ihrem Spiegel sehen, dass ihre Schönheit mehr als zuvor erstrahlte. Als der Zauberer eintraf, begrüßte sie ihn zu seinem Entzücken mit den Worten: »Ich bin mir darüber klar geworden, dass Aladin tot sein muss und alle meine Tränen ihn mir nicht wieder-

bringen werden. Also habe ich beschlossen, nicht länger zu trauern, und lade dich darum ein, mit mir zu speisen. Aber ich habe lange genug unsere eigenen Weine genossen und bin neugierig darauf, die Weine deines Landes zu probieren.«

Der Zauberer eilte bereitwillig in seinen Weinkeller, und in der Zwischenzeit tat die Prinzessin das Pulver, das Aladin ihr gegeben hatte, in ihren Becher. Als er zurückkam, bat sie ihn, auf ihr gemeinsames Wohl zu trinken und dabei als Zeichen der Verbundenheit die Becher zu tauschen. Der Zauberer hob an, einen Trinkspruch zur Preisung ihrer Schönheit auszubringen, sie aber unterbrach ihn und sagte: »Lass mich zuerst trinken, und was du sagen willst, sag danach.« Sie setzte den Becher an und hielt ihn an ihre Lippen, während der Zauberer den Inhalt des seinen voll Eifer hinunterstürzte und sofort leblos zu Boden fiel. Dann ließ die Prinzessin Aladin ein und umschlang ihn voller Freude, er aber bat sie, ihn zunächst einmal noch allein zu lassen, da er Wichtiges zu tun habe. Dann näherte er sich dem toten Zauberer, zog die Lampe aus dessen Gewand hervor und befahl dem Dschinni, den Palast und alles, was sich darin befand zurück in sein Heimatland zu befördern.

Just in diesem Augenblick hob der Sultan, der Tag für Tag voller Trauer um seine Tochter am Fenster gesessen hatte, den Blick und traute seinen Augen nicht, denn dort auf dem Platz vor ihm stand der Palast, ganz als wäre nichts gewesen! Er eilte hinüber, und Aladin erwartete ihn im Saal der vierundzwanzig Fenster, die Prinzessin an seiner Seite. Er schilderte, wie sich alles zugetragen hatte, und zeigte ihm den Leichnam des Zauberers zum Beweis dessen. Voller Freude ordnete der Sultan ein Fest an, das nicht weniger als zehn Tage dauern sollte. Von nun an hätte Aladin für den Rest seines Lebens in Frieden leben können, doch ihm stand noch eine weitere Prüfung bevor.

Der afrikanische Zauberer hatte einen jüngeren Bruder, der in der Zauberkunst nicht minder geschickt war. Ja, man kann sagen, dass er ihn an Bosheit und verderblichen Ränken noch übertraf. Der begab sich nach Persien, um den Tod seines Bruders zu rächen und suchte dort eine heilige Frau namens Fatima auf. Er drang in ihre Einsiedelei ein und zwang sie mit vorgehaltenem Dolch, ihre Kleider mit ihm zu tauschen, färbte sich das Gesicht, so dass es dem ihren ähnlich sah, und meuchelte sie zuletzt, auf dass sie zu niemandem mehr von dem Geschehenen sprechen konnte. Dann machte er sich auf den Weg zu Aladins Palast, und all die Leute in der Stadt, die dachten, die weithin verehrte heilige Frau vor sich zu haben, umringten ihn, küssten seine Hände und baten um seinen Segen. Als er beim Palast angelangt war, war ein solcher Aufruhr um ihn her, dass die Prinzessin einen Sklaven nachsehen hieß, was dort draußen los sei. Als ihr von der Ankunft der wundertätigen Fatima berichtet wurde, ließ sie diese hereinbitten, da sie sich schon lange danach gesehnt hatte, ihr zu begegnen. Die falsche Fatima trat verschleiert und mit gesenktem Kopf vor die Prinzessin und sprach einen Segen für ihre Gesundheit und ihr Wohlergehen aus. Nachdem sie sich gesetzt und eine Weile geredet hatten, erbot sich Prinzessin Bedrulbudur, der berühmten Heilerin die Schönheiten des Palastes zu zeigen, und fragte sie im großen Saale stehend, wie ihr dieser gefalle. »Er ist wirklich wunderschön, und zur gänzlichen Vollkommenheit fehlt ihm nicht mehr als eine einzige Sache«, antwortete die falsche Fatima. »Und was sollte dies sein?«, erkundigte sich die Prinzessin. »Wenn nur ein Ei des Vogels Roch in der Mitte der Decke aufgehängt wäre« bekam sie zur Antwort, »so wäre dieser Palast das größte Wunder der Welt.«

Nachdem ihr solches gesagt worden, konnte die Prinzessin an nichts anderes mehr

denken als an das Ei des Vogels Roch. Als Aladin von der Jagd zurückkehrte, fand er sie in schlechter Stimmung vor. Er begehrte zu wissen, was ihre Laune verdorben habe, und sie erzählte ihm von ihrem Verlangen, ein Ei des Vogels Roch von der Decke des Saales hängen zu sehen. »Wenn das alles ist, dessen es bedarf, um dich wieder fröhlich zu stimmen«, erwiderte ihr Gatte zärtlich, »so will ich gleich dafür sorgen, dass dein Wunsch dir erfüllt werde.«

Er verließ sie und rief den Geist der Lampe herbei, und als er erschien, forderte er ihn auf, ein Ei des Vogels Roch herbeizuschaffen. Kaum hatte er aber seinen Befehl ausgesprochen, da stieß der Dschinni einen so lauten und schrecklichen Schrei aus, dass die Halle erbebte. »Elender!« brüllte er, »genügt dir nicht, was ich alles für dich getan habe, dass du von mir verlangst, ich solle dir meinen Meister bringen und in der Mitte des Kuppelgewölbes aufhängen? Du, dein Weib und dein Palast hätten es verdient, allesamt zu Asche verbrannt zu werden. Aber ich sehe wohl, dass du nicht selbst auf diesen Gedanken gekommen bist, sondern vom Bruder des afrikanischen Zauberers verleitet wurdest. Er hält sich in dieser Minute in deinem Palast auf, verkleidet als die heilige Frau, die er zuvor ermordet hat. Er war es, der deiner Frau diesen törichten Wunsch in den Kopf gesetzt hat. Nimm dich in acht, denn er will dich vernichten.« Und mit diesen Worten verschwand der Geist.

Zurück in den Gemächern der Prinzessin, schützte Aladin Kopfweh vor und bat darum, dass man Fatima holen möge, damit diese ihn durch das Auflegen ihrer Hände von dem Schmerz befreie. Als der verkleidete Zauberer aber an ihn herantrat, fasste Aladin seinen Dolch und stach ihn direkt in sein Herz.

»Mein teurer Gemahl, was hast du getan?«, rief die Prinzessin voll Angst, »du hast die heilige Frau getötet!« – »Dem ist nicht so«, entgegnete Aladin, »getötet habe ich einen teuflischen Zauberer, der mir nach dem Leben trachtete«, und er erzählte ihr, wie sie sich hatte täuschen lassen.

Nach all diesen Abenteuern lebten Aladin und seine Frau glücklich und in Frieden. Er folgte dem Sultan auf den Thron, als dieser starb, regierte noch viele Jahre lang und hinterließ eine berühmte Nachkommenschaft.

Sonderbares Gebet eines Pilgers

Illustriert von Ella Tjader

Man erzählt ferner: Zur Zeit der Pilgerfahrten flehte damals ein Mann, sich an den Vorhängen der heiligen Kaba festklammernd: »Oh Gott, lass sie doch wieder ihrem Mann zürnen, auf dass sie sich mir hingebe!« Als einige Pilger dieses sonderbare Gebet hörten, ergriffen sie ihn, verprügelten ihn, führten ihn zum Emir der Pilger und berichteten diesem, was sie von diesem Mann an einem so heiligen Ort vernommen. Der Emir der Pilger gab den Befehl, ihn zu hängen; aber der Angeklagte beschwor ihn bei dem erhabenen Gott, er möchte doch zuerst seine Erzählung anhören und dann nach Belieben mit ihm verfahren. Der Emir gewährte ihm seine Bitte, und der Pilger sprach:

›Wisse, oh Emir, ich bin ein Mann von der niedersten Klasse des Volkes, der sich sich aus Verzweiflung über sein hartes Los oft mit Haschisch berauscht. Mein Geschäft war es, dem toten Vieh die Haut abzuziehen, und das Blut und den anderen Schmutz zu dem dafür bestimmten Ort zu bringen. Eines Tages ging ich mit meinem beladenen Esel über die Straße, als ich sah, wie alle Leute davonliefen, und einer derselben sagte mir: »Flüchte dich schnell in diese Gasse, sonst nimmt man dir dein Leben.« Ich fragte ihn, warum denn alle Leute fliehen. Da antwortete mir der Diener eines vornehmen Herrn: »Es kommt ein Harem, und die ihm vorangehenden Diener schlagen auf alle Leute ein, um den Weg freizumachen.« Als ich dies hörte, wollte ich mit meinem Esel in eine kleine Gasse einbiegen, da kamen auch schon die Diener, und hielten große Stöcke in den Händen. An der Spitze von ungefähr dreißig Frauen war eine, die einen Wuchs wie die Zweige einer Weide, und Augen wie eine nach Wasser lechzende Gazelle hatte; diese ausgezeichnet schöne und liebliche Frau war die Gebieterin über die übrigen, die

sie begleiteten. Ich blieb erstaunt stehen und betrachtete sie von allen Seiten. Auf einmal rief sie einen ihrer Diener zu sich und sagte ihm etwas ins Ohr. Sogleich lief der Diener auf mich zu, griff nach mir und nahm mich fest. Alle Leute liefen eilig davon, nur ein alter Mann nahm meinen Esel und führte ihn weg, während die Eunuchen mich mit einem Strick banden und mit sich schleppten.

Ich wusste gar nicht, was dies zu bedeuten habe, und einige Leute hinter mir schrien: »Bei Gott, das ist nicht erlaubt, mit einem armen Bettler, einem elenden Haschischfresser, so umzugehen.« Manche sagten zu den Eunuchen: »Habt doch Mitleid mit ihm, Gott wird sich auch eurer erbarmen, und lasst ihn doch los!« Ich dachte bei mir selbst: gewiss hat die schöne Dame den Schmutz und den Unrat, mit dem mein Esel beladen war, gerochen und will mich dafür bestrafen lassen. Was kann ich tun? Es gibt keinen Schutz und keine Macht als bei Gott, dem Erhabenen!

Ich wurde nun von den Eunuchen mitgeschleppt, bis wir an die Pforte eines großen Hauses kamen. Da traten sie hinein und führten mich in einen großen Saal von unbeschreiblicher Schönheit; er war rein ausgekehrt und frisch besprengt, und mit kostbaren Matten und Polstern bedeckt. Die Gebieterin und ihr Gefolge zogen an mir vorüber, und ich blieb allein mit den Eunuchen zurück und dachte: man hat mich gewiss hereingebracht, um mich hier mit dem Tod zu bestrafen, ohne dass jemand davon erfahre. Aber statt dessen führten mich die Eunuchen in das Badezimmer, welches hinter dem Saal lag. Drei Sklavinnen kamen, hießen mich sitzen, und die eine rieb mir die Füße, die andere wusch mir den Kopf und die dritte trocknete mich ab. Als dies geschehen war, gaben sie mir ein Bündel Weißzeug und Kleider, und hießen mich, sie anzuziehen.

Ich sagte: »Bei Gott! Ich weiß nicht, wie man solche Kleider anzieht.« Sie näherten sich mir lachend und kleideten mich kichernd an, bespritzten mich mit Rosenwasser und führten mich wieder in einen herrlich verzierten und mit Divanen bestückten Saal. Hier saß eine Dame, von vielen Sklavinnen umgeben, die, sobald ich in den Saal trat, vor mir aufstand und mich hieß, neben ihr Platz zu nehmen. Kaum hatte ich mich gesetzt, als die Sklavinnen auf ihren Befehl die verschiedenartigsten, schmackhaftesten Speisen herbeibrachten, dergleichen ich in meinem ganzen Leben nie gekostet hatte und deren Namen ich nicht einmal kannte.

Nachdem ich mich sattgegessen hatte, wurden die Schüsseln weggetragen und man brachte mir Wasser, um meine Hände zu reinigen. Die Dame ließ dann allerlei Süßigkeiten auftragen und hieß mich davon essen. Als auch dies geschehen war, befahl sie einigen Sklavinnen, Wein und Kelche herbeizuschaffen, sowie auch allerlei feines Räucherwerk. Ein Mädchen, schön wie der Mond, schenkte uns ein und wir tranken beim Klang des Saitenspiels so lange, bis wir berauscht waren.

Dies alles geschah wirklich, oh Emir, und ich glaubte immer nur zu träumen und im Paradies zu sein. Auf einen Wink der Dame entfernten sich dann die Sklavinnen. Danach umarmte und liebkoste sie mich und drückte mich fest an ihren Busen. Da sog ich den feinsten Moschusduft aus ihren vollen Lippen und glaubte nichts anderes, als dass ich träume und hoffte, dass dieser Traum noch lange weitergehen werde. Des Morgens fragte sie mich nach meiner Wohnung, gab mir ein goldbesticktes Taschentuch, in welches etwas eingebunden war, und sagte mir: »Geh damit ins Bad.«

Ich ging freudig fort und dachte: ist Geld in diesem Tuch, so kann ich dafür zu Mittag essen. Doch ging ich so ungern von ihr fort, als hätte ich das Paradies verlassen müssen, und begab mich in meine Behausung, öffnete das Tuch, welches sie mir geschenkt hatte, und fand fünfzig Goldstücke darin, die ich sogleich vergrub. Nach Mittag, als ich in meinen Gedanken vertieft, halb wachend, halb träumend vor meiner Tür saß, kam auf einmal eine Sklavin zu mir und sagte: »Meine Gebieterin verlangt nach dir.«

Ich folgte der Sklavin bis zur Tür ihres Hauses, bat um die Erlaubnis, hineinzutreten, warf mich auf den Boden und küsste die Erde vor der Dame. Sie hieß mich wieder sitzen, ließ Speisen und Wein bringen, und ich brachte wieder die Nacht, genauso wie die vergangene, bei ihr zu.

Des Morgens schenkte sie mir wieder ein Tuch, in welches fünfzig Goldstücke eingebunden waren, mit denen ich wieder in meine Behausung ging, wo ich sie vergrub. So ging es acht Tage lang. Ich wurde jeden Nachmittag geholt und blieb bis morgens bei meiner Dame.

Aber am achten Tag, den ich bei ihr war, kam auf einmal eine Sklavin herbeigelaufen, die mich schnell in ein Nebenzimmer hineinstieß. Dieses Zimmerchen hatte ein Fenster, das auf die Straße ging. Ich hörte Geräusche von Dienern und Pferdehufen, und ich sah vom Fenster aus einen jungen Mann, leuchtend wie der Vollmond, von vielen Mamelucken begleitet, der vor der Haustüre abstieg, dann in den Saal trat, sich vor der Dame verbeugte und ihre Hand küsste.

Sie schwieg lange, und es kostete ihm viele Mühe und Demütigung, bis sie sich mit ihm versöhnte und einwilligte, die Nacht bei ihm zuzubringen. Des Morgens, als er wieder mit seinen Leuten ausgeritten war, kam die Dame zu mir und fragte mich: »Hast du es gesehen?« Ich antwortete: »Jawohl.« Nun sagte sie: »Dieser Mann ist mein Gatte. Ich will dir erzählen, was zwischen uns vorgefallen ist. Eines Tages waren wir beisammen im Garten neben unserem Haus. Auf einmal stand er von meiner Seite auf und blieb sehr lange weg. Da folgte ich unbemerkt, um nach ihm zu sehen. Als ich an der Küche vorüberkam, fragte ich eine meiner Sklavinnen nach ihm und sie zeigte mir daraufhin ein kleines Kabinett. Hier fand ich ihn in den Armen einer Sklavin.

Als ich dies sah, schwor ich einen heiligen Eid, auch einen Mann von der niedersten Klasse zu umarmen. Ich zog daher drei Tage lang durch alle Straßen der Stadt, um einen solchen Mann zu finden. Erst am vierten Tag begegnete ich dir, und fand dich so erbärmlich und schmutzig, dass ich meinen Eunuchen befahl, dich

mitzunehmen. Was nun zwischen uns geschehen ist, war Gottes Beschluss. Nun ist mein Eid eingelöst, und ich werde dich nicht eher wieder rufen lassen, bis mein Gatte sich wieder einer Sklavin nähert und mir untreu wird.«

Hierauf entließ sie mich, nachdem ich vierhundert Goldstücke aus ihrem Haus fortgetragen, von denen ich schon einen großen Teil ausgegeben habe. Darum kam ich hierher und betete zu Gott dem Erhabenen, der Mann möchte doch seine Sklavin wieder besuchen, damit ich seine Gattin wiedersehe.‹

Als der Emir der Pilger diese Geschichte hörte, ließ er den Angeklagten frei und erklärte ihn für unschuldig in Gegenwart aller seiner Ankläger

Geschichte der drei Äpfel

Illustriert von Katharina Leuzinger

Man behauptet, oh König der Zeit und Herr deines Jahrhunderts, der Kalif Harun ar-Raschid habe in der Nacht einmal seinen Wesir rufen lassen und ihm gesagt: »Wir wollen miteinander in die Stadt gehen und hören, was es in der Welt Neues gibt; wir wollen die Leute über die Urteile der Richter ausfragen, und den absetzen, über welchen man sich beklagt, und den belohnen, den man lobt.«

Da es dem Dschaafar angenehm war, gingen sie miteinander durch die Straßen und Bazars, der Kalif, der Dschaafar und der Diener Masrur. Da sahen sie am Ende einer Straße einen alten Mann mit einem Netze, einem Korbe und einem Stock auf dem Kopfe.

Der Kalif sprach zu seinem Dschaafar: »Dies ist gewiss ein armer, bedürftiger Mann.« Er fragte dann den Alten, wer er sei, und dieser antwortete: »Mein Herr! Ich bin ein Fischer, habe Familie, bin heute mittag vom Hause weggegangen, und bis jetzt habe ich nichts fangen können; ich habe nichts, das ich verpfänden könnte, um meiner Familie ein Nachtessen dafür zu bringen, ich bin darüber verzweifelt, hasste das Leben und wünschte mir den Tod.«

Da entgegnete der Kalif: »Willst du wohl, oh Fischer, mit uns zum Tigris zurückkehren und das Netz auf mein Glück auswerfen? Ich gebe dir hundert Dinare für deinen Fang.« Der Alte sagte freudig: »Recht gern, mein Herr!«

Sie gingen hierauf zusammen an den Tigris, der Fischer warf sein Netz aus, zog dann die Schnur zusammen und brachte eine geschlossene, schwere Kiste herauf.

Der Kalif gab dem Fischer zweihundert Dinare, und Masrur trug die Kiste ins Schloss. Als sie dieselbe öffneten, fanden sie einen Korb von Palmblättern, mit roter Wolle zugemacht. Als sie den Korb öffneten, sahen sie ein Stück von einem

Teppich darin, und als sie diesen aufhoben, erblickten sie einen Mantel, viermal zusammengelegt, und unter diesem ein junges Mädchen, rein wie Silber, aber in Stücke zerhauen.

Als der Kalif das in neunzehn Teile zerstückelte Mädchen sah, ward er sehr bestürzt, er vergoss Tränen, wandte sich zornig an den Dschaafar und sagte: »Du Hund unter den Wesiren! Man bringt die Leute in meiner Stadt um und wirft sie in den Strom. Diese Schuld lastet dann bis zum Auferstehungstag auf mir. Bei Gott! Ich will dieses Mädchen an ihrem Mörder rächen, und ihn auf die härteste Weise hinrichten lassen. Kannst du den Mörder nicht auffinden, so werde ich dich und vierzig deiner Vettern hängen lassen.«

Der Kalif ward immer grimmiger und schrie den Dschaafar fürchterlich an; dieser bat um drei Tage Frist, und als der Kalif sie ihm gewährte, ging er betrübt und zornig in die Stadt und wusste nicht, was er tun sollte. Er sprach zu sich: wie soll ich den Mörder dieser jungen Frau entdecken und dem Kalifen bringen? Ich weiß mir keinen Rat; es gibt keinen Schutz und keine Macht, außer bei dem Erhabenen Gott.

Er ging nach Hause und blieb bis zum dritten Tage gegen Mittag dort; da schickte der Kalif nach ihm und fragte ihn: »Wo ist der Mörder der jungen Frau?« Der Dschaafar antwortete: »Bin ich der Untersuchungsrichter der Ermordeten, oh Fürst der Gläubigen?« Aber der Kalif schrie ihn zornig an und befahl, dass man ihn unten am Schlosse aufhänge und in ganz Bagdad ausrufe: »Wer den Dschaafar und vierzig seiner Vettern von den Barmakiden hängen sehen will, soll unten ans Schloss kommen!«

Es kam dann der Stadtaufseher, einige Offiziere und der Vater Dschaafars; man stellte sie unter den Galgen und wartete nur noch, bis vom Fenster das Signal gegeben werde; das Volk weinte über ihr Schicksal. Da kam auf einmal ein junger Mann, hübsch gekleidet, mit einem Mondgesichte, weiten Augen, glänzender Stirne, roten Wangen, hellen Locken und einem Muttermal wie ein Fleckchen Ambra. Er drängte sich durch das Volk, bis er vor dem Dschaafar stand; da küsste er ihm die Hand und sagte: »Heil! Ich befreie dich von dieser Strafe, steh auf, oh Herr der Wesire, Zuflucht der Armen, Oberster der Fürsten. Hänge mich statt der Erschlagenen und räche sie an mir, denn ich bin ihr Mörder.« Als der Dschaafar dies hörte, freute er sich über seine Rettung, war aber betrübt über den Jüngling.

Während er so mit ihm sprach, kam ein alter, sehr bejahrter Mann, drängte sich durch die Leute bis er vor dem Dschaafar war, und rief: »Oh großer Herr und Wesir, glaube nicht, was dieser junge Mann sagt; nicht er hat die junge Frau getötet, sondern ich; räche sie also an mir, oder ich werde einst vor dem Erhabenen Gott von dir Rechenschaft fordern.«

Der junge Mann sagte darauf: »Kein anderer als ich hat die junge Frau getötet.« Da sprach der Alte: »Oh mein Sohn! Ich bin alt und lebenssatt, du bist jung, ich will mein Leben für das deinige hingeben. Ich habe die junge Frau getötet, drum hänge mich schnell, denn ich mag doch nicht leben, seitdem sie von mir weg ist.« Als der Dschaafar diesen Streit hörte, erstaunte er sehr darüber, und führte den Alten und den Jüngling zum Kalifen; er küsste die Erde siebenmal und fragte: »Wir bringen hier zwei Männer, von denen jeder behauptet, die junge Frau getötet zu haben.«

Nachdem der Kalif beide betrachtet, fragte er: »Wer von euch hat die junge Frau erschlagen und in den Strom geworfen?« Da antwortete der Alte: »Kein anderer, als ich«, und der Junge sagte dasselbe. Da sagte der Kalif zu seinem Dschaafar:

»Geh und lass sie beide hängen!« Der Dschaafar aber erwiderte: »Oh Fürst der Gläubigen! Wenn sie doch nur einer getötet, so würde der andere ungerechterweise gehängt.«

Da sagte der junge Mann: »Bei dem, der den Himmel gewölbt, ich habe sie getötet, in einen Korb von Palmblättern gelegt, mit einem Mantel zugedeckt, dann ein Stück Teppich drum gelegt und mit roter Wolle zugenäht, räche also ihren Tod an mir!«

Der Kalif fragte erstaunt: »Warum hast du sie unschuldigerweise getötet und dich selbst in eine solche Lage gebracht?« Da antwortete der Jüngling: »Oh Fürst der Gläubigen, es ist mir mit ihr etwas widerfahren, das man aufschreiben sollte, dann könnte sich jeder daran belehren.« Der Kalif sagte: »Erzähle mir deine Geschichte!« und der junge Mann antwortete: »Gott und dem Fürsten der Gläubigen ziemt Gehorsam«, und begann hierauf:

›Wisse, oh Fürst der Gläubigen, die erschlagene Frau war mein Weib, Mutter meiner Kinder und meine Base. Dieser Alte ist mein Oheim und ihr Vater, er verheiratete sie mit mir, als sie noch Jungfrau war; ich lebte elf Jahre mit ihr als mit einer gesegneten Gattin, sie gebar mir drei Söhne, führte einen reinen Lebenswandel und bediente mich so gut, als nur möglich; aber auch ich liebte sie sehr heftig und als sie einmal in diesen Monaten sehr krank wurde, bediente ich sie aufs Sorgfältigste. Nach Verlauf eines Monats ward sie nach und nach wieder gesünder. Da sagte sie mir eines Tages, ehe sie ins Bad ging: »Oh mein Vetter, ich möchte, dass du mir einen Wunsch gewährtest.« – »Ich werde ganz gehorsam sein‹, antwortete ich, »und hättest du auch tausend Wünsche.« Da sagte sie: »Ich gelüste so sehr nach einem Apfel, um daran zu riechen und einen Bissen davon zu essen; nachher möchte ich allenfalls sterben.«

Ich sagte zu ihr: »Gott gebe deine Genesung!« Ich suchte dann in ganz Bagdad und konnte keinen Apfel finden, denn hätte ich einen auch mit meinen Augen bezahlen müssen, so hätte ich ihn gekauft. Es tat mir sehr weh, den Gegenstand ihres Wunsches nicht finden zu können. Ich ging nach Hause und sagte ihr: »Liebe Base, ich habe bei Gott keinen Apfel finden können.« Ihre Krankheit verschlimmerte sich in jener Nacht wieder; ich stand daher am anderen Morgen auf und suchte in allen Gärten herum und konnte noch immer nichts finden.

Da sprach zu mir ein alter Gärtner: »Mein Sohn, du wirst nirgends Äpfel finden,

außer im Garten des Fürsten der Gläubigen zu Basra, von denen sich bei seinem Verwalter ein Vorrat findet.« Ich ging nach Hause, und von meiner Liebe und Treue zu ihr bewogen, machte ich mich auf den Weg und reiste einen halben Monat lang Tag und Nacht nach Basra und zurück, und brachte drei Äpfel, die ich vom Verwalter für drei Goldstücke gekauft, mit mir und überreichte sie meiner Frau. Sie dachte aber gar nicht mehr an ihren sehnlichen Wunsch und warf sie neben sich hin, und ward in den nächsten zehn Tagen immer schwächer und kränker. Als ich in meinen Laden saß und mit Waren handelte, da kam auf einmal ein großer, starker, hässlicher Sklave auf den Markt, mit einem der drei Äpfel in der Hand, wegen welcher ich einen halben Monat lang auf der Reise gewesen war. Ich rief dem Sklaven zu und sagte ihm: »Oh guter Sklave, woher hast du diesen Apfel?« Da antwortete er: »Ich habe ihn von meiner Geliebten. Als ich sie heute besuchte, denn sie ist krank, fand ich drei Äpfel bei ihr, und sie sagte mir, dass ihr Mann eine Reise von einem halben Monat gemacht, um sie ihr zu bringen; ich aß und trank mit ihr und nahm einen der drei Äpfel, mit dem du mich hierherkommen gesehen.«

Nun, oh Fürst der Gläubigen, ward mir die Welt ganz schwarz, als ich dies hörte. Ich schloss sogleich den Laden, ging nach Hause und war außer mir vor Zorn und Wut: ich sah nach den Äpfeln und fand wirklich nur zwei; ich fragte meine Base, wo denn der dritte Apfel sei? Sie hob den Kopf auf und sagte: »Bei Gott, mein Vetter, ich weiß es nicht.«

Nun war ich von der Wahrheit der Erzählung des Sklaven überzeugt; ich nahm ein scharfes Messer, trat von hinten zu ihr, sagte ihr kein Wort, bis ich auf ihr saß, und schnitt ihr den Kopf ab, legte sie dann schnell in einen Korb, nähte einen Mantel um sie und drüber noch ein Stück Teppich, legte sie in eine Kiste, nahm sie auf den Kopf und warf sie in den Tigris.

Nun, bei Gott, oh Fürst der Gläubigen, räche sie an mir. Lass mich schnell hängen, sonst werde ich einst vor Gott Rache für sie von dir fordern. Denn als ich nach Hause kam, sah ich, wie mein ältester Sohn schrie, und als ich ihn fragte, was er wolle, sagte er mir: »Mein Vater, ich habe diesen Morgen meiner Mutter einen der drei Äpfel gestohlen, die du ihr gebracht, und bin damit auf die Straße gegangen, da kam ein langer, schwarzer Sklave und nahm ihn mir weg. Ich rief ihm zu: ›Oh guter Sklave, dieser Apfel gehört meiner Mutter, mein Vater hat eine Reise von einem halben Monat nach Basra gemacht, um meiner kranken Mutter drei Äpfel von dort zu holen, bringe mich daher nicht in Verlegenheit!‹, er gab mir aber kein Gehör.

Als ich ihm dann dasselbe zwei bis dreimal wiederholte, schlug er mich und lief fort; aus Furcht vor der Mutter blieb ich mit meinen Brüdern den ganzen Tag vor den Toren der Stadt; nun wird es aber Nacht und, bei Gott, ich fürchte mich sehr vor ihr; oh mein Vater, sage ihr nichts, sie möchte sonst noch kränker werden.«

Als ich die Worte meines Sohnes hörte und seine Furcht und sein Weinen sah, wusste ich, dass ich die junge Frau unschuldig ermordet, und dass der verruchte Sklave gelogen, da er die Geschichte der Äpfel nur von meinem Sohne vernommen. Als ich dies einsah, weinte und schluchzte ich mit meinen Kindern. Da kam dieser alte Mann, ihr Vater, mein Oheim, dazu; ich erzählte ihm alles, was vorgefallen; wir weinten miteinander bis Mitternacht und trauerten drei volle Tage über den Tod der Unschuldigen. An allem diesem war aber der Sklave Schuld. Dies ist meine Geschichte mit der Ermordeten. Nun, bei deinen Ahnen, lass mich hinrichten, denn ich mag nicht mehr leben; räche das Unrecht, das ich getan!‹

Als der Kalif dies hörte, war er sehr erstaunt darüber und sagte: »Ich werde niemanden als den verruchten Sklaven hängen lassen; ich will tun, was den nach Genugtuung Verlangenden befriedigen und dem erhabenen König gefallen muß.«
Der Dschaafar ging weinend weg und sagte: »Nun ist mein Tod nahe, der Krug geht zum Brunnen, bis er bricht; doch hat mich der Geist des Allmächtigen zum ersten Male gerettet, so wird er es vielleicht auch dieses Mal wieder tun; und, bei Gott, ich werde wieder drei Tage nicht aus dem Hause gehen; möge Gott, was geschehen soll, vollziehen!«
Er blieb so bis zum dritten Tage gegen Mittag und verzweifelte halb an seinem Leben. Schon ließ er Richter und Zeugen kommen, schrieb sein Testament und nahm weinend von seinen Töchtern Abschied. Da kam ein Bote vom Kalifen und meldete ihm: »Der Kalif ist in höchster Wut und hat geschworen, der Tag werde nicht vorübergehen, ehe du gekreuzigt worden.«
Der Dschaafar, seine Sklaven und alle, die im Hause waren, weinten. Als der Dschaafar von seinen Töchtern und allen Hausleuten Abschied genommen hatte, kam die jüngste Tochter zu ihm; sie hatte ein leuchtendes Gesicht, und er liebte sie am meisten von allen; er drückte sie an seine Brust, küsste sie und weinte wegen der Trennung von seinen Kindern und seiner Frau.
Als er sie aus Liebe recht fest an sich drückte, fühlte er etwas Hartes. Er fragte: »Was hast du in der Tasche, meine Tochter, das ich spüre?« Da sagte die Kleine: »Einen Apfel, auf dem der Name unseres Herrn, des Kalifen, geschrieben steht. Unser Sklave Rihan hat ihn gebracht, wollte ihn mir aber nur für zwei goldene Dinare geben.«
Als der Dschaafar vom Apfel und dem Sklaven hörte, schrie er auf und griff in die Tasche seiner Tochter, zog den Apfel heraus, erkannte ihn und sagte: »Oh die Rettung ist nahe!« Er ließ sogleich den Sklaven rufen, und als er erschien, sagte er: »Wehe dir Rihan, wo hast du diesen Apfel her?«
Da sagte der Sklave: »Bei Gott, mein Herr, wenn Lüge etwas hilft, so hilft doch die Wahrheit noch einmal so viel. Ich habe diesen Apfel nicht in deinem Haus, nicht im Schlosse und nicht im Garten des Kalifen gestohlen, sondern als ich vor vier Tagen in den Straßen der Stadt umherging, sah ich Kinder spielen, und ein kleiner Knabe ließ diesen Apfel fallen. Ich schlug den Kleinen und nahm ihm den Apfel weg; er sagte weinend: ›Oh Mann, dieser Apfel gehört meiner kranken Mutter, die

so sehr danach gelüstet, dass mein Vater ihr drei von einer Reise bringen musste; ich habe einen davon genommen, gib ihn mir also wieder zurück.‹ Ich wollte ihn aber nicht zurückgeben, sondern brachte ihn hierher und verkaufte ihn meiner kleinen Gebieterin für zwei Dinare. Dies ist meine Erzählung.«

Als der Dschaafar dies hörte, wunderte er sich sehr, wie alles Unglück von seinem Sklaven entsprungen; er stand freudig auf, ergriff die Hand des Sklaven, führte ihn zum Kalifen und erzählte ihm die Geschichte von Anfang bis zum Ende.

Der Kalif war höchst erstaunt und lachte heftig; dann sagte er: »Dein Sklave ist also der Urheber allen Unglücks?« – »Freilich!«, antwortete der Dschaafar, »doch wundere dich nicht so sehr über diese Geschichte. Sie ist nicht befremdender, als die des Wesir Ali aus Kahirah und Bedruddin Hasan aus Basra. Doch erzähle ich die nur unter einer Bedingung.« Der Kalif, der sehr wünschte, sie zu hören, sagte dann: »Nun, wenn sie schöner und wunderbarer ist, als diese, so schenke ich dir das Leben deines Sklaven, wenn nicht, so lasse ich ihn töten. Erzähle also, oh Wesir, deine Geschichte.«

HARDER

Der freigebige Hund

Illustriert von Jens Harder

Einst war ein armer Mann so sehr von seinen Gläubigern gedrängt, dass er seine Familie und seine Heimat verlassen und in fremden Ländern bettelnd umherziehen musste. Hungrig und müde, im zerknirschtesten Seelenzustand, erreichte er eine große, prachtvolle Stadt, die von hohen Mauern umgeben war. Auf einem weiten Platz sah er viele vornehme Leute in ein Haus gehen, das einem Sultanspalast glich. Er folgte ihnen in einen Saal, an dessen oberen Ende ein Greis von sehr ehrwürdigem Aussehen saß, und gleich einem Wezir von vielen Dienern und Sklaven umgeben war. Der alte Mann stand vor seinen Gästen auf und hieß sie willkommen. Als der Bettler aber die vielen Diener und die Pracht und Herrlichkeit sah, trat er erschrocken zurück und setzte sich aus Furcht in einen Winkel des Saales, so dass ihn niemand sehen konnte. Als er so dasaß, kam ein Diener mit vier Jagdhunden, die mit kostbarem Seidenstoff bedeckt waren und goldene Ketten mit silbernen Schellen am Hals hatten und band je einen in einer Ecke an. Dann ging der Diener weg und kam nach einer Weile mit goldenen Schüsseln wieder. Die waren gefüllt mit den herrlichsten Speisen und er stellte jedem Hund eine solche Schüssel vor und entfernte sich wieder.

Der arme Bettler war so sehr von Hunger geplagt, dass er gierig auf dieSchüsseln der Hunde starrte und gern hätte er aus einer derselben gegessen, wenn er sich nicht vor den Hunden gefürchtet hätte. Einer dieser Hunde bemerkte dies durch eine göttliche Eingebung, entfernte sich etwas von seiner Schüssel und nickte dem Bettler zu, er möchte sich nähern. Der Arme trat dann herbei und aß, bis er satt war. Als er wieder gehen wollte, gab der Hund ihm jedoch durch Zeichen zu verstehen, er möge die Schüssel mit allem, was darin ist, nehmen. Ja, er schob sie sogar mit der Pfote vor ihn hin. Der Bettler nahm die Schüssel, ging damit fort und niemand folgte ihm.

Dann begab sich der Bettler in eine andere Stadt, verkaufte die goldene Schüssel, kaufte Waren dafür und kehrte damit in seine Heimat zurück. Dort handelte er wieder, machte gute Geschäfte und bezahlte seine Schulden und hatte nun so viel Glück, dass er sehr bald ein reicher Mann wurde. Da dachte er: ich muß doch noch einmal in jene Stadt reisen, in der ich die goldene Schüssel genommen habe. Sie hat mir Glück gebracht und ich will dem Eigentümer des freigebigen Hundes ein schönes Geschenk dafür machen und ihm den Wert der Schüssel wieder ersetzen. Er machte sich bald auf die Reise in jene Stadt. Als er aber das Haus suchte, aus welchem er die Schüssel entwendet hatte, sah er an dessen Stelle nur noch einen Steinhaufen, auf dem Raben krächzten. Die Gemächer waren verödet und alles sah nach Verwüstung aus.

Er ließ sich betrübt nieder und dachte über den Wechsel der Zeit und des Geschickes nach. Als er umherblickte, sah er einen armen Alten in einem Grausen erregenden Zustand, der einen Stein erweichen würde. Er fragte ihn: „Wie ist das Schicksal mit dem Eigentümer dieses Hauses verfahren? Wo sind die funkelnden Sterne? Was ist mit dem schönen Palast geschehen, von dem nur noch einige

Ruinen übrig sind?“ Der Alte antwortete, aus einem betrübten Herzen seufzend: „Ein jeder beherzige, was der Prophet gesagt: der erhabene Gott hat das Recht und die macht, jeden, den er erhoben, auch wieder zu erniedrigen. Frage nicht warum und wieso; denn wer kann sich wundern über die Launen des Schicksals? Wisse, ich war der Eigentümer dieses Hauses. Ich habe es erbauen lassen und mir gehörte es mit allem, was darin war. Aber die Zeit hat sich geändert. Ich habe mein ganzes Vermögen verloren, und befinde mich nun, ohne selbst zu wissen warum, in diesem erbärmlichen Zustand.“ Auf die Frage des verarmten Mannes, was ihn denn herführe, erzählte ihm der reich gewordene Mann seine Geschichte mit dem Hund. Er sagte ihm, er sei gekommen, um ihm den Wert der goldenen Schüssel zu erstatten, die ihm damals aus der Not geholfen hat. Und nun wolle er ihm ein ansehnliches Geschenk machen. Aber der Alte schüttelte mit dem Kopf und sagte weinend und schluchzend: „Ich glaube, du hast den Verstand verloren. Lieber will ich den größten Mangel dulden, als zurücknehmen, was einer meiner Hunde verschenkt hat. Nimmermehr! Gehe du wieder dahin, wo du hergekommen bist, ich werde von dir nicht soviel wie der Dreck unter einem Fingernagel wert ist, annehmen.“ Der Mann küsste dem Alten die Hände und Füße, dankte ihm, nahm Abschied und reiste in seine Heimat zurück.

Geschichte Sindbads, des Seefahrers

Illustriert von Luise Vormittag & Nicola Carter

Man behauptet, oh glückseliger und verständiger König, dass unter der Regierung des Kalifen Harun ar-Raschid, Gott erbarme sich seiner, in Bagdad zwei Männer lebten: der eine hieß Sindbad der Seefahrer und der andere Sindbad der Lastträger. Sindbad der Lastträger war ein sehr armer Mann, der eine große Familie und einen kleinen Verdienst hatte; Sindbad der Seefahrer hingegen war ein äußerst angesehener und weiser Kaufmann, der einen so ausgebreiteten Handel trieb, dass er am Ende gar nicht mehr wusste, wo er das viele gewonnene Gold und Silber und die vielerlei Schätze aufbewahren sollte. Er kaufte Sklaven und Sklavinnen und besaß einen Palast, der einem Sultan zur Wohnung hätte dienen können. Die Wände waren mit den reizendsten Malereien und Zierrat bedeckt, und glänzten von Gold und Edelsteinen. Alle Zimmer wurden mit Ambra und Aloe vermischtem Rosenwasser besprengt, köstliche Räucherwerke vermengten sich mit dem Duft der Blumen, welche in den angrenzenden Gärten wuchsen, die alles enthielten, was sich das Herz nur wünschen kann. Viele Sklaven waren zur Bedienung aufgestellt, und fortwährend erscholl Gesang und Musik von Zimbeln, Harfen und anderen Instrumenten.

Während der Seefahrer dies alles besaß, war der andere Sindbad ein armer Teufel, der für Lohn den Leuten ihre Lasten da und dorthin trug. Eines Tages nun kam ein Mann auf ihn zu und sagte: »Willst du mir diese Last da tragen?« Sindbad erklärte sich dazu bereit und nachdem ihm der Fremde den geringen Lohn gegeben und gesagt hatte, wo er den Pack hintragen soll, ging er fort. Sindbad lud sich die Bürde auf und folgte den ihm angegebenen Weg. Dieser führte an dem Haus Sindbad des Seefahrers vorüber, und da er sehr ermüdet war, so legte er

seine Bürde nieder, um ein wenig zu ruhen. Vor dem Hause war sauber gekehrt und gesprengt, der Ort war kühl und von Wohlgerüchen geschwängert, welche das Herz erquicken und die Müdigkeit verscheuchen. Wie er nun so dasaß und den süßen Duft einatmete und sich abkühlte und ausruhte, hörte er aus dem Inneren des Hauses muntere Vogelstimmen von Tauben und Nachtigallen, Töne der Laute und Harfe, und entzückenden Gesang von Mädchen. Er sah in das Haus hinein und erblickte viele Diener und Sklaven und die feinsten Speisen und allerlei Gewürz, wie man es gewöhnlich nur bei Königen und Sultanen findet. Da hob er sein Auge zum Himmel empor und sagte: »Oh Schöpfer! Oh Erhalter! Oh allmächtiger Gott! Verzeihe mir meine Sünden, ich kehre von allen meinen Beirrungen zu dir zurück! Oh Herr! Niemand ist unter den Sterblichen, der etwas einwenden könnte gegen das, was du tust. Niemand darf sich fragen, warum du so handelst und nicht anders! Du weißt alle Geheimnisse und deine Macht kennt keine Grenze! Sei gelobt und gepriesen, oh Herr! Wie groß und erhaben ist deine Herrschaft, du verteilst Armut und Reichtum, Glück und Unglück, wie es dir gefällt! Wie groß, oh Herr, wie erhaben ist deine Macht! Du hast diese Diener und diese Jungen und den Herrn dieses Ortes glücklich gemacht; sie leben Tag und Nacht in jeglicher Lust und Freude. Dein Befehl wird an allen deinen Geschöpfen vollzogen, die einen führen ein ruhiges Leben, die andern, wie ich, ein mühevolles, von allen Freuden beraubtes.« Dann sprach er folgende Verse:
»Wie viele Qual ohne Ruhe, während andere den Schatten des Glückes genießen. Ich lebe in täglichen Beschwerden und Sorgen, und übergroß ist meine Last. Andere sind selig ohne Leid, und nie gibt ihnen das Schicksal eine Last, wie mir zu tragen. Sie sind immer vergnügt im Leben, haben Reichtum und Ansehen, Essen und Trinken. Und doch entstehen alle Geschöpfe aus einem Tropfen, und doch gleichen die anderen mir, und ich bin wie sie. Aber unser Leben und Schicksal ist sehr verschieden, ihre Bürde gleicht der meinigen nicht! Ich erfinde nichts, meine Worte gehen zu dir, oh gerechter Richter, dein Spruch ist doch Gerechtigkeit!«
Kaum hatte Sindbad diese Verse beendet, so sah er einen sehr hübschen, reichgekleideten Jungen von feinem, schönen Ansehen zur Türe herauskommen und auf sich zugehen. Der Junge ergriff ihn an der Hand und sagte: »Mein Gebieter, der Eigentümer dieses Hauses schickt mich zu dir, er will dich sprechen.« Der Träger sträubte sich anfangs einzutreten, doch fand er keinen Grund, sich zu weigern. So

hob er denn seine Last auf, legte sie in die Vorhalle des Hauses zu einem Wächter, und folgte dem Jungen ins Haus, das sehr geräumig und solid gebaut war, bis sie in einen großen Saal kamen. An seinen vier Seiten waren Erhöhungen mit kostbaren Divanen angebracht, in der Mitte sprang ein Springbrunnen, die Fenster gingen auf einen schönen Garten, ein erfrischender Südwest-Wind führte den Duft der Blumen, den Gesang der Vögel und das Murmeln der Bäche durch die Fenster zu den Ohren der ehrwürdigen Versammlung, welche in weitem Kreise um den Hausherrn herumsaß. Dieser nahm den Ehrenplatz auf einer Erhöhung ein und war ein ehrwürdiger Greis. Als der Lastträger eintrat, grüßte er und küsste die Erde vor den Gästen und dem Hausherrn und dachte: nur im Paradies gibt es einen solchen Ort. Dann blieb er wie ein wohlgebildeter, anständiger Mann ruhig stehen. Alle erwiderten seinen Gruß und hießen ihn willkommen. Der Hausherr aber grüßte und empfing ihn besonders, lud ihn ein, sich neben ihm niederzulassen und fragte ihn, wie er heiße, wo er her sei und was für ein Geschäft er treibe? Der Lastträger antwortete ihm: »Wisse, mein Herr! ich heiße Sindbad der Lastträger, denn meine Arbeit besteht darin, den Leuten gegen Lohn ihre Lasten zu tragen. Dies ist mein einziges Geschäft, das mich ernährt. Ich bin ein sehr armer Mann und weiß nichts anderes zu treiben, um mich vor dem Hungertod zu schützen.« Der Hausherr sagte zu ihm: »Sei nochmals willkommen, du Lastträger. Wisse, auch ich heiße Sindbad wie du, ich bin Sindbad der Seemann, und du bist Sindbad der Landmann. Ich heiße dich daher als meinen Bruder willkommen.« Er ließ ihm dann kostbare Speisen vorsetzen, und da Sindbad der Lastträger sehr hungrig war, aß er, bis er satt war, worauf dann die Sklaven den Tisch wegtrugen. Der Hausherr hieß ihn dann nochmals willkommen und versicherte, dass ihm seine Gesellschaft sehr angenehm sei. Dann fuhr er fort: »Ich möchte nun, dass du die Verse wiederholst, welche ich dich vorhin sprechen hörte, da ich zufällig am Fenster stand.« Bei diesen Worten senkte Sindbad, der sich schämte, voll Verlegenheit das Haupt und sagte: »Bei Gott, Herr! Nimm mir diese Worte nicht übel. Die große Müdigkeit und die Qual der Armut führt den Menschen oft zu törichten und unanständigen Reden.« – »Glaube ja nicht«, erwiderte der Hausherr, »dass ich dir darum zürne. Ich betrachte dich nun als meinen Bruder und du hast nichts von mir zu befürchten. Ich bitte dich daher, sage mir jene Verse noch einmal her.« Der Träger trug nun noch einmal die Verse vor, und sie gefielen dem Hausherrn ungemein. Nachdem

SIND
BAD

er ihm seinen Beifall und Dank ausgedrückt hatte, sagte er zu ihm: »Wisse, oh Bruder, man nennt mich Sindbad den Seefahrer. Ich will dir alles erzählen, was mir widerfahren ist, ehe ich zu diesem Hause und zu einer solchen Gesellschaft gelangte, denn erst nach schweren Verlusten, großen Mühseligkeiten und unendlichen Qualen habe ich solchen Wohlstand erreicht. Was habe ich nicht in früherer Zeit leiden müssen! Ich habe sieben Reisen gemacht, und jede bildet eine wunderbare Erzählung, die mit Gold geschrieben werden sollte, um jedermann als Beispiel zu dienen.« Hierauf begann er folgendermaßen: ›Wisset, ihr geehrten Herren, mein Vater, der ein sehr reicher Kaufmann war, starb, als ich noch ein kleiner Junge war. Er hinterließ mir ein ungeheures Vermögen an liegenden Gütern, Geld und kostbaren Waren. Ich ließ es mir wohl sein und verbrachte meine Zeit mit guten Speisen und Getränken und Gesellschaften, die ich meinen guten Freunden gab, und glaubte, das würde mir von Nutzen sein und immer so bleiben. Jahrelang hatte ich so gelebt, bis ich zur Vernunft kam und aus meinem Leichtsinn erwachte. Da fand ich mein Vermögen geschwunden und meine Lage gänzlich verändert. Ich war ganz betäubt und zerknirscht, als all mein Geld dahin war und ich einsah, dass ich dem Schicksal nicht einfach entfliehen konnte. Da fielen mir die Worte ein, die ich als Kind oft von meinem Vater als einen Spruch von dem Herrn Suleimann, Friede sei mit ihm, sagen hörte: »Drei Dinge sind drei anderen vorzuziehen! Der Sterbetag dem Geburtstag, ein lebendiger Hund einem toten Löwen, und ein Grab dem festesten Palaste!« Dann ging ich mit mir zu Rate, was ich tun sollte. Nach einiger Überlegung verkaufte ich, was ich noch an Kleidungsstücken, Gerätschaften und liegenden Gütern besaß. Ungefähr 3000 Dirham war der Erlös davon. Mich trieb es nun zu reisen, fremde Länder und Städte zu sehen, und ich gedachte der Verse eines Dichters, welcher sagt:
»Eine hohe Stufe wird nach dem Maße der Anstrengungen erreicht. Wer hoch steigen will, muß manche Nacht durchmachen. Wer Perlen wünscht, muss in die Tiefe des Meeres tauchen, dann erst kann er Ansehen und Reichtum erwerben. Wer aber Hoheit und Ansehen wünscht, ohne mit Kraft danach zu streben, der verliert sein Leben in unerfüllbaren Wünschen.«‹

Sindbads erste Reise

Illustriert von Simone Legno

›Ich machte mich also auf‹, erzählte Sindbad, ›und kaufte allerlei Waren ein. Da ich aber besondere Lust auf eine Seereise hatte, ließ ich alles auf ein Schiff laden, das nach Basra ging. Das Schiff war sehr groß und es waren viele Kaufleute darauf. Wir segelten nun von einer Insel zur anderen, von einem Meer ins andere, von einem Ufer ans andere. Überall, wo wir ankerten, verkauften oder vertauschten wir unsere Waren. Wir machten gute Geschäfte mit großem Gewinn und erfeuten uns an unserer Gesellschaft.

So ging es lange gut auf dem Meer. Bis wir eines Tages zu einer schönen Insel kamen, die mit vielen Bäumen bewachsen war, die von den schönsten Vögeln umschwirrt wurden, die die Einheit Gottes verkündeten. Diese Insel war herrlich grün und schien ein Lustgarten des Paradieses zu sein. Der Kapitän unseres Schiffes wies daher die Mannschaft an, die Segel einzuziehen und vor dieser Insel die Anker zu werfen. Nun verließ jeder das Schiff und begab sich auf die Insel. Es wurden Fische gefangen und zubereitet, Feuerstellen hergerichtet, Pfannen darüber gehängt und Feuer angezündet. Der eine wusch seine Kleider, der andere kochte, der Dritte ging auf der Insel spazieren, um Gottes Schöpfung zu bewundern. Alle waren munter, aßen und tranken und fühlten sich auf der Insel wohl. Während wir so in der größten Freude waren, schrie auf einmal der Kapitän ganz laut vom Schiff aus uns zu: »Wehe, ihr Reisenden! Kommt schnell auf das Schiff zurück, lasst alle eure Gerätschaften im Stich und rettet nur euer Leben. Denn die Insel, auf der ihr seid, ist nichts als ein großer Fisch, der nun zu wenig Wasser hat. Der Wind hat den Sand von ihm weggeblasen, und da er jetzt das Feuer auf seinem Rücken spürt, fängt er an, sich zu bewegen und wird nun mit euch ins Meer tauchen. Kommt daher schnell aufs Schiff und rettet euer Leben.« Aber noch ehe der Kapitän ausgeredet hatte, fing die Insel an, sich zu bewegen und mitten ins stürmende Meer unterzutauchen, so dass alle, die darauf waren, untergingen. Auch ich versank in den schäumenden Wellen. Aber Gott der Erhabene half mir durch ein großes Brett, auf dem einige der Reisenden gewaschen hatten. Mit leichtem Herzen bestieg ich es, und der Wind spielte mit mir mitten auf dem Meer. Der Kapitän, der die Leute, die auf der Insel waren untergehen sah, setzte die Segel und fuhr mit der Mannschaft, die bei ihm auf dem Schiff geblieben war, davon.

Ich sah wie das Schiff sich entfernte, konnte es aber nicht mehr einholen. Der Tag war schon vorüber, die Nacht brach bald herein mit ihrer Dunkelheit, und das Schiff entschwand nun ganz meinen Blicken. So blieb ich auf dem Brett die ganze Nacht hindurch. Am anderen Morgen warf mich eine große Welle glücklicherweise auf eine andere Insel. Die Ufer aber waren so steil, dass man nirgends hinauf an Land steigen konnte. Ich wäre angesichts der Insel untergegangen, wenn nicht einer der Bäume, die an der Steilküste standen, seine Äste so weit ausgestreckt hätte, dass ich sie ergreifen konnte. Ich hing mich mit aller Kraft und Anstrengung daran fest, kletterte auf den Baum hinauf und von da auf die Insel. Als ich meine Füße betrachtete, sah ich, dass Fische meine Zehen angefressen hatten, ohne dass ich es vor Anstrengung bemerkt hatte. Ich warf mich nun auf den Boden nieder, denn ich war von meinen vielen Leiden völlig erschöpft.

So blieb ich vom ersten Nachmittag bis zum folgenden Morgen liegen, und erwachte erst, als die Sonne sich schon über die Erde gebreitet und die Insel beschienen hatte. Ich richtete mich auf und versuchte zu gehen, was mir aber bei dem Zustand meiner Füße, die in der Nacht noch angeschwollen waren, sehr schwer wurde. Dessen ungeachtet schleppte ich mich weiter, blieb dann wieder stehen und dachte über meine Lage nach, dann machte ich einige Schritte auf den Fersen, aß von Früchten dieser Insel und trank aus den Bächen. Mitten auf der Insel fand ich eine frische süße Wasserquelle, und blieb hier einen Tag und eine Nacht. Der Schlaf und die Ruhe, die ich hier fand, gaben mir meine Kräfte wieder und ich konnte mich leichter bewegen. Ich ging unter den Bäumen spazieren und schnitt mir einen Stock, um mich darauf zu stützen. Auf einmal sah ich etwas zwischen den Bäumen von der Seite des Meeres her leuchten. Ich ging darauf zu, mich immer an den niederhängenden Ästen festhaltend, und erblickte

ein Pferd, welches an einem Baum festgebunden war. Als es mich sah, wieherte und tobte es so heftig, dass ich erschrak. Dann rief auf einmal eine männliche Stimme und sagte: »Wie kommst du hierher, und woher kommst du? Aus welchem Lande bist du?« Ich antwortete: »Wisse, Fragender, ich bin ein fremder Mann, der auf einem Schiff Schiffbruch erlitt und sich aus großer Not auf diese Insel rettete; nun weiß ich nicht, wo ich bin und wohin ich mich wenden soll.« Als der Fremde, ein kräftiger, starker Mann, mich angehört hatte, kam er zum Vorschein, ergriff meine Hand und stieg mit mir in eine Höhle hinab, in welcher sich ein schöner, großer Raum befand, der mit Teppichen ausgekleidet war. Er ließ mich an der oberen Seite dieses Zimmers niedersetzen und brachte mir einige Speisen, von denen ich aß, bis ich ganz satt war. Auch mein Geist erholte sich und mein Schrecken ließ nach. Als er sah, dass ich meinen Hunger gestillt und mich ausgeruht hatte, erkundigte er sich nach meinem Zustand und nach meinen Abenteuern. So erzählte ich ihm meine ganze Geschichte, von der frühesten Zeit bis jetzt. Er hörte mit großem Erstaunen zu, und ich sagte zu ihm: »Nimm mir nicht übel, mein Herr, da ich dir nun alles, was mich betrifft, erzählt habe, willst du mich wohl auch über deine Lage aufklären und mir sagen, wer du bist und warum du hier so abgeschlossen lebst?«

Da antwortete er: »Wisse, ich bin der Oberstallmeister des Königs Mihrdjan und habe die Aufsicht über seine Stallknechte und andere Diener; wir züchten ihm echte Rassepferde. Zu dieser Zeit bringen wir eine Stute von echter Rasse hierher, binden sie an den Ort, den du gesehen hast, und verbergen uns dann in dieser Höhle. Sobald es nun still ist, kommt ein Hengst aus dem Meer und deckt die angebundene Stute, die er dann mit sich ins Meer nehmen will. Weil sie aber angebunden ist und ihm nicht folgen kann, greift er die Stute an und versucht, sie zu töten. In diesem Moment stürzen wir bewaffnet aus der Höhle hervor, so dass er sich fürchtet, entflieht, und ins Meer zurückkehrt. Die Stute trägt dann von diesem Hengst, und die Jungen werden so gute Pferde, wie man sie nur bei den Sultanen der Inseln und des Meeres trifft. Wir warten jetzt gerade, dass der Hengst erscheint. Wenn wir mit unserer Arbeit hier fertig sind, so gehen wir nach Hause und nehmen dich mit. Es ist ein Glück für dich, dass du uns hier getroffen hast. Sonst hättest du niemand gefunden, der dir einen Weg gezeigt hätte, und du wärest nie mehr in ein bewohntes Land gekommen. Denn du bist weit davon entfernt. Du wärest hier in Trauer gestorben, und niemand hätte etwas von deinem Tod gewusst.«

Während wir so sprachen, stieg ein Pferd aus den Meereswogen hervor wie ein springender Löwe; es war höher und breiter als gewöhnliche Pferde und hatte viel stärkere Hufe. Es ging auf die Stute los, deckte sie und wollte sie mit ins Meer nehmen. Da stürzten der Mann und sein Gefolge mit Lanzen aus der Höhle hervor und sie schrieen so fürchterlich, dass der Hengst entfloh und wie ein wütendes Kamel ins Meer zurückkehrte. Der Mann band daraufhin die Stute los und ließ sie eine Weile auf der Insel herumspringen. Es kamen dann noch viele andere dazu, die auch mit Stuten auf der anderen Seite der Insel waren.

Als nun alle versammelt waren, nahmen sie die Polster aus der Höhle und ließen, was noch an Eßwaren übrig war, zurück. Wir gingen dann lange Zeit immer fort, bis wir zur Stadt des Königs Mihrdjan kamen, der sich sehr freute, als er die Pferde ankommen sah. Man erzählte ihm mein Abenteuer und stellte mich ihm vor; er hieß mich willkommen, erkundigte sich nach meinem Wohle und ich erzählte ihm alles, was mich betraf.

Der König war sehr erstaunt und sprach: »Bei Gott, du betrittst nun ein neues Leben. Gelobt sei Gott, der dich gerettet hat!« Er schenkte mir Kleider, zog mich in seine Nähe und seine Großmut ging so weit, dass er mich zum Aufseher über die Küsten des Meeres machte. Lange genoss ich seine Freigebigkeit, wofür ich ihm seine Geschäfte besorgte, bei denen ich auch meinen eigenen Vorteil fand. Sooft Kaufleute oder andere Reisende zu Besuch kamen, erkundigte ich mich bei ihnen nach Bagdad, denn ich hoffte immer, jemanden zu finden, der dahin reisen würde; aber niemand war je dort gewesen, niemand wusste etwas von Bagdad. Mir ward nun bald unheimlich in der Fremde, nach einer so langen Abwesenheit vom Lande meiner Väter und von meinen Leuten.

Einmal kam ich zum König Mihrdjan und begrüßte ihn, da fand ich vornehme indische Kaufleute bei ihm. Wir grüßten uns gegenseitig und sie fragten mich nach meinem Land und erzählten mir dafür von Indien und wie seine Einwohner in verschiedene Stämme eingeteilt wären. Unter diesen seien die Schakirijeh die Vornehmsten, weil sie nie ein Unrecht begehen, und niemals jemanden beneiden. Dann das Völkchen der Brahmanen, die nie Wein trinken, aber doch immer munter und heiter in Scherz und Freude leben. In ihrem Lande gibt es Pferde, Kamele und Rindvieh. Sie sagten mir auch, dass die Indier in zweiundvierzig Sekten aufgeteilt sind.

In dem Land des Königs Mihrdjan traf ich auch auf eine Insel, Kasel genannt, in der man Tag und Nacht Tamburin und andere Instrumente spielen hörte. Die Seeleute sagten mir, die Einwohner seien recht wackere und verständige Leute. Auch sah ich in jenem Meer zwei Fische, einen davon zweihundert Ellen lang, und einen anderen, hundert Ellen lang, deren Köpfe dem einer Nachteule glichen. Überhaupt begegnete mir auf dieser Reise so viel Wunderbares, dass ich gar nicht alles beschreiben kann.

Nachdem ich noch einige Zeit in diesem Königreich zugebracht hatte, ging ich einst nach meiner Gewohnheit ans Meeresufer; da landete gerade ein Schiff, das sehr reich beladen war. Ich blieb stehen, bis die ganze Ladung gelöscht war, um sie aufzunehmen. Da kam der Kapitän des Schiffes zu mir und sagte: »Herr, wir haben noch Waren auf dem Schiff, dessen Eigentümer wir auf einer Insel verloren haben, wir wissen nicht, ob er noch am Leben, oder ob er umgekommen ist!« Ich fragte ihn nach dessen Namen und er sagte: »Sein Name steht auf seiner Ladung, er heißt Sindbad der Seefahrer, und war von Bagdad aus auf unser Schiff gekommen.« Der Kapitän erzählte mir dann alles, was vorgefallen war. »Und«, setzte er hinzu, »wir haben ihn nicht mehr gesehen. Wir wollen daher seine Ladung verkaufen, ihren Wert aufnehmen und das Geld seiner Familie bringen.« Nun erhob ich meine Stimme und sagte dem Kapitän: »Ich bin Sindbad der Seefahrer, den du von deinem Schiff auf jene Insel gebracht hast, und dieser und jener war mit uns. Als der Fisch sich zu bewegen anfing, riefst du den Reisenden zu, sich zu retten; einigen gelang es, schnell aufs Schiff zu steigen, andere blieben zurück. Zu diesen gehörte auch ich.« Und so erzählte ich ihm alles, was mir widerfahren, von Anfang bis zum Ende. Er sagte: »Gelobt sei Gott für deine Rettung.«

Dann neigte der Kapitän jedoch nachdenkend seinen Kopf und schwieg, um dann zu sagen: »Es gibt keinen Schutz und keine Macht, außer bei Gott, dem Erhabenen. Es ist keine Redlichkeit und kein Glauben mehr unter den Menschen.« Ich fragte ihn, warum er dies sage und er antwortete: »Weil du mich den Namen Sindbads nennen hörtest, und ich dir schon seine ganze Geschichte erzählt habe, gibst du dich für ihn aus, um dich dieser Warenladung zu bemächtigen. Bei Gott, das ist eine Sünde; denn ich und alle, die mit auf dem Schiff waren, sahen ihn mit eigenen Augen ertrinken.« Ich sagte ihm: »Oh Kapitän, höre meine Erzählung und merke wohl auf. Denn Lüge ist nur die Sache der Heuchler. Ich habe dir ja schon alles erzählt, wie es mir ergangen ist, welches Leid ich ertragen musste und wie ich durch Gott dem Erhabenen gerettet worden bin.« Dann erinnerte ich ihn noch an das, was zwischen mir und ihm auf dem Schiff vorgefallen war, ehe wir zur Insel kamen, und an verschiedene Begebenheiten zwischen uns, von dem Tage an, als wir von Basra abreisten.

Als ihm meine Sache ihm klar ward und er sich an unsere Gespräche erinnern konnte, überzeugte er sich, dass ich wirklich Sindbad sei, und benachrichtigte davon alle, die auf dem Schiff waren. Sie versammelten sich um mich, grüßten mich, erkannten mich und glaubten mir, so dass nun auch der Kapitän von meiner Aufrichtigkeit überzeugt ward. Ich erzählte den Kaufleuten alles, was ich gelitten und gesehen, und wie ich gerettet worden war, und sie waren sehr erstaunt darüber. Der Kapitän übergab mir dann alles, was mir gehörte. Ich öffnete sogleich einen der Ballen, nahm einiges Kostbare heraus, schenkte es dem König Mihrdjan. Ich sagte ihm, dass dieser Herr der Kapitän des Schiffes sei, auf welchem ich reiste, bevor ich verloren wurde und dass meine sämtliche Ware angelangt sei. Daraufhin ehrte er mich sehr und machte mir viele Geschenke. Ich verkaufte dann meine Ladung und erzielte damit einen großen Gewinn. Dann kaufte ich Ware von dieser Stadt, aus diesem Land, packte sie ein und ließ sie auf das Schiff bringen. Nachdem ich von König Mihrdjan, der mir noch viele Geschenke machte, Abschied genommen hatte, reisten wir mit Erlaubnis des erhabenen Gottes ab.

Das Schicksal begünstigte uns mit einem guten Wind, und wir reisten glücklich Tag und Nacht, von Insel zu Insel und von Meer zu Meer, bis wir wieder in Basra ankamen. Freudig über unser Wohl gingen wir in die Stadt, und nach einem kurzen Aufenthalt daselbst reisten wir weiter nach Bagdad. Ich begab mich mit den vielen Waren, die ich mitgebracht hatte, in mein Stadtviertel. Ich grüßte meine Nachbarn und Freunde, kaufte mein Haus wieder und bewohnte es mit allen meinen Verwandten, die sich sehr über mein Glück freuten. Dann kaufte ich viele Sklavinnen und Sklaven, Häuser und Güter; alle schöner als die, dich vorher besaß, die ich hatte verkaufen müssen. Ich schaffte mir alles wieder neu an,

was ich früher vergeudet. Alle meine Leiden vergaß ich in kurzer Zeit, und lebte wieder ganz in der schönsten Freude, in angenehmster Gesellschaft, bei gutem Essen und Trinken. Das war meine erste Reise.‹

Dann sprach Sindbad der Seefahrer, zu Sindbad dem Lastträger: »Doch die Nacht umgibt uns schon; du hast uns durch deinen Besuch viel Freude gemacht. Bleibe daher noch bei uns zum Nachtessen und komme dann morgen wieder, damit ich dir mit Gottes Segen erzählen kann, was mir auf der zweiten Reise abenteuerliches begegnet ist.« Als das Nachtessen vorüber war, ließ Sindbad dem Lastträger hundert Dinare auszahlen. Derselbe nahm sie an und ging mit seiner Last seines Weges, ganz erstaunt über das, was er alles gehört hatte; genauso wie die anwesenden Freunde Sindbads.

Der Lastträger konnte kaum den Tag erwarten, als er aufstand, sich wusch, sein Morgengebet verrichtete und zu Sindbad dem Seefahrer ging. Er wünschte ihm guten Morgen, küsste die Erde zu seinen Füßen und dankte ihm für seine Wohltaten. Da die übrigen Freunde auch schon da waren, bildeten sie einen Kreis um ihn, wie am vorigen Tage. Sindbad der Seefahrer hieß den Lastträger willkom-

men und sagte zu ihm: »Deine Gesellschaft ist uns sehr angenehm.« Hierauf hieß er alle sich zum Tisch zu setzen, der mit den köstlichsten Speisen gedeckt war. Sie ließen sich es wohl schmecken; dann wurde der Weintisch gebracht, auf welchem es an auserlesenen frischen und trockenen Früchten, Leckerbissen, Wohlgerüchen von Blumen und allerlei Sorbetten, nicht fehlte.

Als sie sich satt gegessen und getrunken hatten, sprach der Seefahrer zu dem Lastträger: »Bruder, höre mir aufmerksam zu, was ich von den Abenteuern meiner zweiten Reise erzählen werde. Sie sind weit merkwürdiger als die der ersten und ich habe noch viel Schlimmeres auf derselben erlitten.« Er begann hierauf zu erzählen.

Sindbads zweite Reise

Illustriert von Julia Pfaller

›Nach meiner ersten Reise war ich, wie ich gestern erzählt habe, wieder zu meinem früheren Wohlleben in Gesellschaft von Freunden und meiner Familie zurückgekehrt. Diese Lebensweise dauerte eine Weile. Eines Tages, als ich sehr vergnügt war, ergriff mich wieder die Lust zu reisen und zu handeln. Ich kaufte Waren, die sich für eine Seereise eigneten, und schiffte mich auf einem guten Schiffe mit anderen Handelsleuten ein. Nachdem wir uns den Segen Gottes erfleht hatten, lichteten wir die Anker und gingen unter Segel.

Wir fuhren von Insel zu Insel, von Land zu Land, von Stadt zu Stadt, sahen uns alles an und machten vorteilhafte Tauschgeschäfte. Eines Tages warf uns das Geschick, nach Gottes Willen, auf eine Insel, die reich an verschiedenen Früchten, Blumen und Vögeln, aber so verlassen war, dass wir weder eine Haus, noch überhaupt ein menschliches Wesen entdecken konnten. Der Kapitän ankerte das Schiff vor dieser Insel, die Reisenden stiegen aus und ergötzten sich an diesen Bäumen, Bächen und Vögeln, und bewunderten die Schöpfung Gottes.

Auch ich verließ das Schiff, setzte mich an einer sprudelnden Quelle nieder und ließ mir von einem Sklaven eine köstliche Mahlzeit auftragen. Nachdem ich gegessen und getrunken hatte, schickte ich den Diener mit dem Tisch aufs Schiff zurück. Ich aber erquickte mich an der klaren Luft, die mich umwehte, und schlief ein.

Als ich erwachte, sah ich das Schiff nicht mehr und war ganz allein. Das Schiff war davon gesegelt und niemand hatte an mich gedacht. Da überfiel mich so großer Kummer und Ärger, dass mir fast die Galle zersprang, denn ich hatte keinerlei Proviant, noch sonst etwas bei mir, war innerlich und äußerlich verwirrt und zweifelte am Leben. Ich haderte mit mir und gab mich allerlei Gedanken hin, seufzte und jammerte, schalt mich selbst, dass ich diese zweite Reise unternommen hatte. Zu Hause hätte ich mit meiner Familie bei größtem Überflusse an Speisen, Getränken und Kleidung, in Ruhe und Zufriedenheit leben können. Ich bereute es, Bagdad verlassen und mich nochmals auf eine Seefahrt begeben zu haben. Gerade weil ich das erste Mal schon so viel gelitten hatte. Ohne Gottes besondere Gnade und seine Rettung wäre ich umgekommen. Ich geriet fast von Sinnen.

Zuletzt ergab ich mich dem Willen Gottes, ging eine Weile gedankenlos umher, stieg auf einen hohen Baum, um von da aus nach einer Menschenseele Ausschau zu halten. Meine Blicke schweiften über die Meeresfläche hin, konnten jedoch nichts als Himmel und Wasser entdecken.

Dann, endlich erblickte ich auf der Insel etwas Weißes. Ich stieg vom Baum und wandte mich nach der Seite, wo ich den Gegenstand meiner Aufmerksamkeit wahrgenommen hatte. Schon in einiger Entfernung bemerkte ich, dass es eine außerordentlich große, weiße Kugel war. Näher gekommen, berührte ich sie und fand, dass sie zarter als Seide war. Ich ging um dieselbe herum, um nach einer Öffnung zu suchen, ohne dass ich jedoch eine entdecken konnte. Ich hielt es auch für unmöglich, hinaufzusteigen, da sie sehr glatt war. Sie konnte fünfzig Schritte im Umfange haben.

Als die Sonne sich zum Untergang neigte, verfinsterte sich auf einmal der Himmel, wie wenn er von einer dunklen Wolke bedeckt worden wäre. Ich staunte, denn es war keine Wolke zu sehen, dafür aber ein Vogel von außerordentlicher Größe. Es fiel mir ein, dass mir die Matrosen oft von einem Vogel, den sie Roch nannten, erzählt hatten, und dass die große Kugel, die mich in ein solches Erstaunen versetzt hatte, ein Ei dieses Vogels sein müsse. In der Tat, er schlug sein Gefieder auseinander und ließ sich darauf nieder, gleichsam um es auszubrüten.

Als der Vogel auf dem Ei saß und seine Füße ausstreckte, erhob ich mich, band mich mit dem Schal meines Turbans daran fest , denn ich dachte bei mir: morgen wird der Vogel seinen Flug fortsetzen und könnte dich auf diese Weise von dieser verlassenen Insel auf bewohntes Land bringen. Dann bindest du dich wieder los, brauchst nicht mehr auf Inseln umherzuziehen und bist vor wilden Tieren sicher. So brachte ich die Nacht wachend zu. Am folgenden Morgen flog er, sobald der Tag anbrach, davon und trug mich tief in die Wolken hinein, dass ich nichts mehr

unter mir sah. Er schien das Gewicht, das an einem seiner Füße hing nicht mehr zu spüren, als wenn eine Feder an seinen Krallen hinge; darauf stieg er aus der schreckhaften Höhe wieder herab mit einer Schnelligkeit, die mir die Besinnung raubte. Als er wieder am Boden war band ich mich schnell los. Kaum war mir dies jedoch gelungen, als er mit dem Schnabel eine Schlange von unerhörter Größe erfaßte und mit ihr davonflog.

Hierüber war ich sehr erstaunt und verlor meinen Mut. Es dauerte ein Zeit lang, bis ich mich wieder etwas gesammelt hatte. Hierauf ging ich etwas umher und stellte Betrachtungen über meine Lage an. Der Ort, an dem ich mich befand, war ein großer Hügel. Unter mir war ein langes, weites Tal, das von allen Seiten mit so hohen Bergen umgeben war, dass sich die Berggipfel in den Wolken verloren. Niemand würde es jemals wagen, sie zu ersteigen. Ich machte mir Vorwürfe über das was ich getan hatte und sagte: Es gibt keinen Schutz und keine Macht, außer bei Gott, dem Erhabenen! Sowie ich einer Gefahr entgehe, gerate ich in eine andere.

Während ich in diesem Tal umherging, entdeckte ich, dass dessen Boden aus Diamanten bestand. Es ist ein sehr harter, fester Stein, den man nicht einmal mit

Eisen brechen kann, und der zum Zerschneiden von Porzellan und Perlen und Mineralien gekauft wird. In dem Tal gab es auch eine große Anzahl Schlangen, so lang und dick, wie ein mächtiger Dattelbaum, so dass jede von ihnen einen Elefanten hätte verschlingen können. Während des Tages zogen sie sich aus Furcht vor dem Vogel Roch in ihre Höhlen zurück und kamen erst des Nachts zum Vorschein.

Ich ging weiter im Tal umher, und hatte alle Hoffnung verloren, bis ich eine große Höhle erblickte. Da die Nacht hereinbrach, ich ging auf sie zu und trat hinein. Den Eingang, der nieder und eng war, verstopfte ich, indem ich einen großen, schweren Stein davorrollte. Als ich mich aber in der Höhle umsah, entdeckte ich eine furchtbar große Schlange, welche auf Eiern von der Größe eines Elefanten lag. Ich konnte die ganze Nacht vor Entsetzen nicht schlafen, denn ich erblickte bald noch andere von gleicher Art. Doch nahm ich mich zusammen, flehte zu Gott dem Erhabenen und hielt mich wach, bis der Tag anbrach und einen Schimmer des Sonnenlichts in die Höhle warf. Da schob ich den Stein vom Eingang der Höhle weg, ging heraus, und wanderte leichenblass vor Angst und vom langen Wachen im Tal umher.

Auf einmal fiel ein geschlachtetes Tier von einem der Berggipfel herab. Als ich dies sah, fiel mir ein, was mir früher ein Kaufmann erzählt hatte: Es gibt einen Berg aus Diamantstein, der aber so hoch ist, dass ihn niemand besteigen kann. Die Kaufleute gebrauchen aber eine List, um sich Diamantsteine zu verschaffen. Sie schlachten ein Lamm, ziehen ihm die Haut ab und werfen das Fleisch in das Tal, so dass Steine an dem frischen Fleisch hängen bleiben. Wenn dann die Adler dieses Fleisch greifen und damit auf die Höhe fliegen, so gehen die Landsleute auf die Adler los und zwingen sie durch starkes Geschrei, davonzufliegen und das erbeutete Fleisch fallen zu lassen. Die Kaufleute lösen daraufhin die Diamanten von den Fleischstücken und nehmen sie mit. Das Fleisch überlassen sie den Raubtieren. Sie bedienen sich dieser List, weil es kein anderes Mittel gibt, um Diamanten und Magnetsteine zu gewinnen.

Ich überlegte und fing dann an, viele Diamanten zu sammeln und einzustecken. Dann nahm ich den Kadaver und band ihn mit dem Tuche meines Turbans fest an meine Brust. Bald kam ein Adler und fasste mit seinen Krallen das tote Tier, das ich an mich gebunden hatte und trug es auf den Gipfel des Berges. Als er

es verzehren wollte, kamen aber die Diamantenhändler, die in der Nähe waren, angelaufen, schrien laut und machten großen Lärm mit Brettern, um den Adler von seiner Beute zu verscheuchen, was ihnen auch gelang. Ich aber machte mich, sobald der Adler das Lammfleisch ausgelassen hatte, von ihm los und blieb daneben stehen. Einer der Männer näherte sich hierauf und suchte nach Steinen an dem Fleisch, und als er keine fand, schrie er: »Wehe! Wehe! Alle meine Mühe war vergebens, meine Reise bringt mir keinen Vorteil.« Erst dann fiel sein Blick auf mich und er erschrak. Ich sagte: »Fürchte nichts, mein Bruder, ich bin ein Mensch wie du, ich bin auf wunderbare Weise hierher gekommen. Auch sollst du keinen Schaden haben. Ich besitze viele Diamantsteine und gebe dir mehr, als du an diesem Fleisch gefunden hättest, dem ich meine Rettung verdanke. Sei nur ohne Sorge!« Ich hatte noch nicht geendet, als die anderen Handelsleute, die mich bemerkt hatten, sich um mich versammelten. Ihr Erstaunen, mich zu sehen, drückte sich auf ihren Gesichtern aus und ich vermehrte es noch durch die Erzählung meiner ganzen abenteuerlichen Geschichte. Sie sagten mir, dass ein jeder von ihnen ein solches geschlachtetes Tier ins Tal werfe, und zeigten mir die Diamanten, die jeder auf diese Weise erbeutet hatte. Da zog ich eine Handvoll Diamanten aus meiner Tasche und gab sie dem Kaufmann, mit dessen Lamm ich auf den Berg gekommen war, und da es mehr waren, als er gefunden hätte, freute er sich sehr und dankte mir. Die übrigen Diamanten verkaufte ich den Kaufleuten, und ließ mir einen Beutel geben und legte das übrige Geld in einen Gurt, den ich bei mir trug. Da ihre Gesellschaft angenehm war, reiste ich dann mit ihnen von Land zu Land und von Stadt zu Stadt, machte überall Geschäfte, bis wir wieder glücklich in Basra anlangten.

Unter den vielen Inseln, die wir durchwanderten, war auch eine, auf welcher ein Baum wächst, von dem man Kampfer gewinnt. Dieser Baum ist so dick und so stark belaubt, dass hundert Menschen in seinem Schatten Platz haben. Die Flüssigkeit, die den Kampfer ergibt, fließt aus einer Öffnung, die man mit einer langen Lanze oben am Baume schlägt. Diese Masse sieht wie Milch aus, verdichtet sich wie Gummi und bildet den Saft des Baumes. Nachdem die Flüssigkeit abgezapft wurde, dörrt der Baum und stirbt ab.

Auf dieser nämlichen Insel gibt es das Rhinozeros, ein Tier, das größer und stärker ist als der Elefant. Es weidet wie ein Büffel, von dem es viele Arten auf dieser Insel gibt, oder wie die Stiere bei uns, frei umher. Rhinozerosse tragen ein zehn Ellen langes, starkes Horn, so dick wie ein Dattelbaum. Man sieht darauf Umrisse, die einen Menschen darstellen. Das Rhinozeros schlägt sich, wie mir ein Reisender erzählt hat, wenn es Gefahr wittert auch mit dem Elefanten. Es durchbohrt ihm den Leib mit seinem Horn und trägt ihn auf seinem Kopfe, ohne eine Last zu spüren, umher, bis er tot ist. Sobald jedoch in der Hitze des Sommers das Fett des Elefanten über seine Augen fließt, wird es blind. Darauf kommt der Vogel Roch, umfaßt die beiden mit seinen Krallen, um sie in sein Nest zu tragen und seine Jungen damit zu füttern. Ich habe auf jener Insel noch viele andere Merkwürdigkeiten und Wunderdinge gesehen.

Als wir mit Gottes Segen unversehrt und mit viel Geld und Waren wieder nach Basra kamen, hielten wir uns einige Tage auf, dann reisten wir nach Bagdad. Meine Familie freute sich über meine glückliche Ankunft und meine Freunde beglückwünschten mich und ich machte ihnen, wie meinen Nachbarn, viele Geschenke. Dann setzte ich wieder meinen Handel mit allerlei Waren und Edelsteinen fort, derer ich mehr als früher besaß. Ich umgab mich mit schönen Dienern und ließ

es mir wohl sein bei gutem Essen, Trinken und allerlei Zerstreuungen. Ich ward wegen meiner Abenteuer bewundert und von jedem, der eine große Reise unternehmen wollte, wurde ich zu Rate gezogen.‹

Hiermit schloss Sindbad die Erzählung seiner zweiten Reise. Er gab dem Lastträger noch hundert Zechinen und lud ihn für den folgenden Tag ein, die Erzählung der dritten Reise zu hören.

Der Lastträger ging nach Hause und kam am darauffolgenden Tag wieder. Man setzte sich zu Tisch und schon wurden von den reich gewandeten Dienern die köstlichsten Speisen und die erlesensten Getränke aufgetragen. Nach genommener Mahlzeit fing Sindbad der Seefahrer mit der Erzählung seiner dritten Reise an.

DR. ALDERETE – ZOVECK.COM

Sindbads dritte Reise

Illustriert von Dr. Alderete & El Valiente

›Wisset meine Freunde, nachdem ich, wie ich euch gestern erzählt habe, mich einige Zeit in Bagdad dem Wohlleben hingegeben hatte, überkam mich wieder die Lust zu reisen und zu handeln, denn der Mensch sehnt sich immer nach etwas. Ich packte daher viele Waren und eine gute Ausrüstung für eine Seereise zusammen, vergaß meine Leiden aus den vorangegangenen Reisen, begab mich nach Basra und ging ans Ufer des Meeres.

Da sah ich ein großes Schiff, auf welchem sich angesehene, rechtschaffene und fromme Kaufleute mitsamt ihren vielen Sachen befanden. Ich ließ meine sämtlichen Waren und Handelsgüter auf dieses Schiff bringen und die Kaufleute erfreuten sich an meiner Gesellschaft und ich mich an ihnen. Wir reisten mit Gottes Segen von Insel zu Insel, von Meer zu Meer, viele Tage und Nächte. Trotz der rauen See und gewaltiger Stürme ereignete sich kein Unglück. Wir machten gute Geschäfte und großen Gewinn.

Eines Tages, als wir ganz vergnügt auf dem wogendem Meere waren, stieß der Kapitän ein Jammergeschrei aus. Er schlug sich ins Gesicht, raufte sich die Barthaare und zerriss seine Kleider. Dann rief er laut: »Oh ihr Kaufleute! Wir sind alle verloren.« Als wir fragten, was es gebe, sagte er: »Wisset, dass die heftigen Stürme uns vom Wege weggeführt haben. Dieses Missgeschick hat uns zu der Insel geführt, auf die wir jetzt zusteuern. Es ist die gefürchtete Affeninsel, auf welcher Affen wie Heuschrecken umherspringen. Es heißt, dass bisher kein Mensch dieser Insel lebend entkommen ist.«

Der Kapitän warf die Anker aus und ließ die Segel einholen. Aber es war schon zu spät. Schon kamen die Affen von der Insel auf uns zu, kletterten in so großer Zahl von allen Seiten her auf das Schiff, dass wir sie weder töten noch fortjagen konnten.

Bald bissen sie auch mit ihren Zähnen das Ankertau und die Segelstricke durch, bugsierten das Schiff ans Land, drängten uns auf die Insel und verschwanden mit dem Schiff mitsamt all unserer Habe, die darauf war. Diese Affen hatten gelbe Augen, schwarze Gesichter und eine dreckige verklebte Behaarung. Daraufhin gingen wir, ohne zu wissen was aus uns werden sollte, auf der Insel umher, suchten nach einer Unterkunft und verpflegten uns mit den dort wachsenden Pflanzen. Da leuchtete uns ein Haus von der Mitte der Insel aus entgegen und als wir uns näherten, bemerkten wir ein großes, wohlgebautes, hohes Schloss, mit einem großen Tor mit zwei Flügeln aus Ebenholz. Da es nicht verschlossen war, traten wir hinein und fanden uns in einem großen Hof, in welchem viele Gebeine umherlagen und viel grünes, nasses, aber auch trockenes Holz aufgeschichtet war. Wir wunderten uns sehr darüber, auch, weil wir kein menschliches Wesen erblicken konnten. Wir blieben jedoch, da wir sehr müde und niedergeschlagen waren, in diesem Schloss, da wir nicht wussten, wo wir sonst bleiben sollten.

Während wir in diesem Zustand der Verzweiflung verharrten, bebte auf einmal die Erde und mit einem Geräusch, ähnlich dem Brausen des Sturmwindes, trat eine schwarze Menschengestalt, groß wie ein Palmbaum, hervor. Sie hatte rote Augen, ein schwarzes Gesicht, weite Nasenlöcher und einen großen Mund. Diese riesige Gestalt setzte sich auf eine Bank und ruhte ein wenig aus. Dann heftete sie ihre Augen auf uns und trat auf uns zu.

Beim Anblick dieses Riesen erschauerten wir vor Angst. Dann packte er mich, setzte mich wie einen Sperling auf seine Hand, drehte und befühlte mich wie ein Schlachter ein Masttier, setzte mich wieder auf die Erde aber stellte mich auf die Seite, abseits von meinen Reisegefährten. Er verfuhr dann mit diesen in gleicher Weise, bis er schließlich an den Kapitän kam, welcher von uns allen der Beleibteste war. Diesen packte er am Nacken, warf ihn auf das Gesicht, setzte seinen Fuß auf das Genick und zerbrach es.

Hierauf holte er viel trockenes Holz herbei und zündete ein Feuer an. Als das Holz wie Kohle glühte, nahm er einen großen Bratspieß, durchbohrte damit den toten Kapitän, hob ihn über die Kohlen, drehte ihn rechts und links über dem Feuer, solange, bis er gar war. Dann legte er den gebratenen Kapitän vor sich hin, ließ ihn ein wenig abkühlen und rupfte dann mit den Fingern das Fleisch von den Knochen. Schmatzend fraß er den Kapitän vor unseren entsetzten Augen auf, wäh-

rend er die abgenagten Knochen auf die Seite warf. Danach kehrte er zu seinem Platz zurück, legte sich auf die Bank und schnarchte wie drei Holzfäller.

Wir aber blieben wie angewurzelt voneinander getrennt stehen und wagten es aus Furcht nicht, uns zu bewegen. Als Gott den Morgen leuchten ließ ging der Riese seines Weges, ohne dass wir wussten wohin. Erst dann traten wir wieder zusammen, bedauerten und beweinten den Kapitän und dachten: morgen wird es einem anderen von uns ebenso ergehen, und wir werden alle so grausam hinsterben, ohne dass jemand etwas von uns wisse.

Wir beschlossen, auf der Insel ein Versteck zu suchen, oder zu entfliehen. Wir gingen viele Stunden umher, fanden aber keinen sicheren Ort. Nachdem wir einige Pflanzen und Früchte als Nahrung zu uns genommen hatten, kehrten wir daher wieder in das Schloss zurück und setzten uns auf unseren früheren Platz. Kaum saßen wir, so erbebte die Erde wieder und der Riese erschien. Er trat auf uns zu, nachdem er ein wenig auf der Bank ausgeruht hatte, drehte uns einen nach dem anderen herum, musterte unsere Beschaffenheit ergriff dann einen von uns und verfuhr mit ihm wie mit dem Kapitän. Er war ihn auf das Gesicht, stellte seinen

DR. ALDERETE + ZOVECK.COM

riesigen Fuß auf den Nacken um das Genick zu brechen, spießte ihn auf, machte ein Feuer und briet ihn bis er gar war. Nachdem er ihn gebraten und verzehrt hatte, legte er sich wieder auf die Bank und schnarchte die ganze Nacht durch, wie wenn ein Sturmwind brauste. Wir aber konnten vor Furcht nicht schlafen und kamen vor Angst und Entsetzen fast um. Als der Morgen dräute, ging er wieder seines Weges.

Wir traten dann zusammen, klagten über unsere Lage und dachten: bei Gott, es ist besser zu ertrinken als über dem Feuer gebraten zu werden. Es gibt keine Macht als den Erhabenen Gott. Nur mit seiner Hilfe können wir gerettet werden. Da sagte einer von uns: »Meine Freunde, lasst uns eine List ersinnen, mit deren Hilfe wir diesen Verruchten töten können. Damit wir uns und allen Gläubigen Ruhe verschaffen.«

Die übrigen Kaufleute stimmten diesem Vorschlag zu, da das grausamen Sterben und Gefressen werden jedem von uns bevorstand. Ich aber sagte: »Guter Rat ist noch besser als Totschlag und List. Wollt ihr versuchen, ihn zu töten, so lasst uns vorher von diesem Holz ein Floß bauen, das wir am Ufer bereithalten. Gelingt es uns, den Riesen zu töten, so mag daraus werden, was Gott will. Wenn es uns aber nicht gelingen sollte, könnten wir entfliehen, indem wir auf das Floß steigen, auf das Meer rudern und auf Gott vertrauen. Werden wir von einem Schiff gerettet, ist es gut. Ertrinken wir, so sterben wir als Märtyrer und werden doch nicht so gemeuchelt und aufgefressen.«

Mein Rat wurde von allen gutgeheißen. Wir trugen alsbald Holz an den Strand, nahmen Stricke, die um das Schloss herum lagen und allerlei Fetzen die wir finden konnten. Diese flochten wir zusammen und banden damit das Floß zusammen, das wir am Ufer versteckten und befestigten. Hierauf kehrten wir in das Schloss zurück und kaum hatten wir unseren Platz wieder eingenommen, so bebte erneut die Erde und jenes Ungeheuer kam wieder mit großem Getöse, ergriff einen von uns und verfuhr mit ihm wie mit den anderen: er warf ihn mit dem Gesicht auf die Erde, stellte den Fuß in den Nacken, brach ihm das Genick und spießte ihn auf, um anschließend Feuer zu machen und ihn zu braten. Als er ihn gebraten und verzehrt hatte und seine Gebeine achtlos weggeworfen hatte, schlief er wie gewöhnlich ein und fing sogleich an zu schnarchen.

Da schlichen wir uns näher heran, nahmen den eisernen Spieß, an dem er die

Menschen gebraten hatte, legten ihn in das noch glühende Feuer, trugen noch mehr Holz hinzu und legten einen zweiten Spieß daneben. Als sie rot wie feurige Kohlen glühten, gingen wir damit vorsichtig auf den verruchten Riesen zu, der wie der Donner schnarchte und bohrten die Spieße in seine Augen. So schnell und so tief wir nur konnten. Er stieß einen fürchterlichen Schmerzensschrei aus, erhob sich ruckartig von der Bank und tappte, nach uns greifend, im Hof umher. Wir verbargen uns, doch überfiel uns große Angst und wir sahen schon den Tod vor Augen.

Der Riese stapfte indessen geblendet und unter gräßlichem Geheul und Gestampf zum Tor hinaus, so dass die Erde erst recht unter uns bebte. Wir verließen das Schloss und begaben uns an das Ufer der Insel, wo wir unser Floß liegen hatten und wir sagten zueinander: wenn der Peiniger bis nach Sonnenuntergang ausbleibt, so dürfen wir annehmen, dass er umgekommen ist. Kehrt er aber wieder ins Schloss zurück, so müssen wir uns auf das Floß begeben, fortrudern und uns in den Willen Gottes ergeben.

Während wir noch so miteinander sprachen, kam der verwundete Riese mit zwei anderen Riesen, die noch stärker und greulicher waren als er und wie Werwölfe aussahen, mit Augen wie glühende Kohlen, schon wieder zurück. Als wir ihn so, auf die Schultern seiner beiden Gefährten gestützt, auf das Schloss zugehen sahen, begaben wir uns eilig auf unser Floß und banden es los. Wir versuchten, so schnell wie nur möglich vom Ufer wegzurudern. Die Riesen bemerkten dies zeitig und bewaffneten sich mit großen Steinen. Damit liefen sie auf das Ufer zu und warfen mit den Steinen nach uns, von denen etliche trafen. Einige von uns wurden dabei getroffen und getötet, während andere ins Meer fielen und ertranken. Da ich und meine Kameraden mit allen Kräften ruderten, befanden wir uns bald auf hoher See und wurden ein Spiel des Windes und der Wellen, die uns hin und her warfen. Wir waren nur noch unsrer drei, die übrigen waren umgekommen und nach ihrem Dahinscheiden von uns ins Meer geworfen worden.

Trotz aller Hungerqual hörten wir doch nicht auf, mit aller Kraft zu rudern und uns gegenseitig zu ermutigen, bis wir endlich nach Tagen der Entbehrung, der Angst und des Schreckens vom Wind vor eine Insel getrieben wurden. Wir ruderten mit unserer letzten Kraft darauf zu und gingen dort an Land, froh über unsere Rettung. Auf der Insel fanden wir gutes Wasser in murmelnden Bächen, Bäume

mit vielen Früchten, schöne Blumen und singende Vögel. Da wir vor Ermüdung, Hunger und Furcht völlig ausgezehrt waren, freuten wir uns über unsere Rettung und labten uns an den Früchten dieser Insel.

Als der Abend nahte, legten wir uns nieder und schliefen ein. Doch auf einmal wurden wir von einem Geräusch, ähnlich dem eines Sturmwindes, geweckt und wie groß war unser Entsetzen, als wir uns von einer riesigen, monströsen Schlange umzingelt sahen. Sie schnellte auf einen meiner letzten beiden Kameraden los und würgte ihn am Stück hinunter; man sah nur noch seine Schultern und seinen Kopf aus ihrem Rachen herausragen; er schrie laut in seiner Todesangst und dann machte die Schlange eine schnelle Bewegung, indem sie sich zusammen rollte und gleich darauf wieder auseinander schnellte. Dabei hörten wir seine Knochen krachen und verschlungen war der ganze Mann! Darauf ging die Schlange wieder ihres Weges. Wir beiden übrigen fürchteten, die Schlange würde auch bald in ähnlicher Weise mit uns verfahren und wir sagten: es gibt keinen Schutz und keine Macht außer bei Gott, dem Erhabenen. Schon fühlten wir uns glücklich, der Grausamkeit der Riesen und der Wut der Wellen entgangen zu sein und jetzt befinden wir uns in einer Lage, die noch schrecklicher ist. Sobald ein Übel überwunden ist, wartet schon das nächste.

Wir gingen auf der Insel umher, um eine Zuflucht zu suchen, fanden aber keine. Wir aßen von den köstlichen Früchten, die da wuchsen, allerdings ohne Genuss, da wir die schreckliche Vermutung hatten, dass einer von uns noch an diesen Abend von der Schlange aufgefressen werden wird. Endlich bemerkten wir einen hohen Baum, auf den wir stiegen, um uns für diese Nacht über in Sicherheit zu bringen.

Gleich darauf näherte sich die Schlange dem Baum, auf dem wir saßen. Geschickt wand sie sich um dessen Stamm herum nach oben, bis sie meinen Kameraden erreichte und würgte ihn hinunter. Ich stieg verängstigt auf die obersten Äste und dachte, selbst wenn diese abbrechen und ich herunterstürze und umkomme, so habe ich wenigstens Ruhe vor dieser Angst, dem Hunger und den Strapazen in der Fremde. Indessen ging die Schlange, nachdem sie meinen Gefährten am Fuße des Baums zermalmt hatte, wieder ihres Weges. Ich verbrachte die Nacht allein auf dem Baum, erschüttert von dem, was ich gesehen hatte und entschlossen, mich vom Baum herunterzustürzen, falls die Schlange wiederkehren sollte. Ich dachte es sei besser, so zu sterben, als von der Schlange verschlungen zu werden.

Am folgenden Morgen wollte ich mich ins Meer werfen, aber mein Innerstes sträubte sich dagegen, denn der Mensch hängt doch am Leben. Ich machte mich daher auf und überlegte, wie ich mich vor der Bedrohung durch die Schlange schützen könnte. Ich suchte alles Holz und trockenes Gesträuch was ich tragen konnte zusammen, und flocht breite Stricke daraus. Ich umgab mich dann von allen Seiten mit festgebundenen Brettern, Scheitern und Stöcken, so dass ich wie in einer Kiste lag und die Schlange mich nicht erreichen konnte.

Die Schlange kam des Abends und schlich um mich herum. Sie konnte meiner jedoch nicht habhaft werden wegen des stacheligen Walls, den ich als Schutz um mich herum gebaut hatte. Unter fortwährendem Gezische näherte und entfernte sie sich immer wieder. Ich sah dies alles und war dem Tod nahe vor Furcht. So ging es bis zum Tagesanbruch. Erst im Morgengrauen zog sie sich zurück. Ich machte mich alsbald von dem Holz los, lief auf der Insel umher, aß einige Früchte und gelangte auf einen Hügel, von welchem ich mitten in den Meereswellen ein Schiff erblickte. Ich rief aus voller Kehle um Hilfe, winkte mit dem Zweig eines Baumes

SINDBAD'S STUFF
DR. ALDERETE + ZOVECK.COM

und wurde zu meinem Glück alsbald von der Schiffsmannschaft gesehen. Das Schiff näherte sich dem Ufer und die Besatzung rief herüber um mich zu fragen wer ich sei. Ich antwortete: »Ich bin ein hilfloser Mensch, nehmt mich bitte auf, ich will euch erzählen, wie ich hierher gekommen bin.« Sie ruderten in einem kleinen Boot herüber und nahmen mich auf, brachten mir einigen Proviant und als ich mich gestärkt hatte, erzählte ich ihnen meine ganze Leidensgeschichte von meiner Abreise aus der Heimat bis zu dem Augenblick, als ich auf ihr Schiff kam. Sie waren sehr erstaunt über meine anstrengenden Abenteuer. Sie zogen mir dann meine zerfetzten und übel riechenden Kleider aus, warfen sie in das Meer und brachten mir andere, saubere Kleider, sowie auch verschiedene Speisen und frisches Wasser.
So ward ich wieder neu belebt, nachdem ich schon der Verzweiflung preisgegeben war, und ich wähnte mich in einem Traum, als ich mich nach so schweren Leiden wieder in solchem Wohlbehagen sah.
Eine Zeitlang behielten wir auf dem Meer den günstigen Wind und wir segelten über das Meer bis uns der Wind endlich nach Kalaset brachte, woher man das Sandelholz bezieht. Wir gingen im Hafen dieser Insel vor Anker. Meine

Reisegefährten, sämtlich Handelsleute, fingen an, ihre Waren auszuschiffen um sie zu verkaufen, oder um Tauschhandel zu treiben. Unterdessen rief mich der Schiffskapitän und sprach zu mir: »Höre, mein Herr, du bist fremd und arm und hast uns erzählt, was du erlitten hast. Darum will ich dir etwas Gutes tun und dir aus Gottgefälligkeit einen Nutzen verschaffen.«

Als ich hierauf antwortete, ich sei allerdings in einer großen Notlage, er möge tun, was er für richtig halte, fuhr er fort: »Wisse, auf dem Schiff befinden sich Waren, die einem Handelsmann aus Bagdad gehört haben, der mehrere Jahre mit uns gereist ist, und den wir dann verloren haben. Wir wollen seine Waren verkaufen, das Geld dafür nehmen und es nach der Rückkehr seinen Erben zustellen, sowie sie sich als solche ausweisen werden. Du aber sollst sie verkaufen und einen entsprechenden Lohn dafür in Empfang nehmen, wovon du auf der Reise leben kannst.« Ich dankte bei mir Gott, sprach kein Wort, und nahm mich zusammen bis alle Waren ausgeladen waren, und die Kaufleute sich miteinander unterhielten. Da wendete ich mich an den Kapitän und bat ihn, mir näheres über den Eigentümer dieser Waren zu berichten. Er erzählte, wie sie ihn auf einer Insel zurückgelassen hatten, weil sie ihn ganz vergessen hatten. Dabei nannte er auch meinen Namen. Als ich hörte, dass Sindbad derjenige war, den sie verloren hatten war meine Freude grenzenlos und ich rief laut: »Oh Kapitän, oh ihr Kaufleute, bei Gott, ich bin Sindbad der Seefahrer, die Waren gehören mir, alle Kaufleute werden es bezeugen.« Da sagte der Kapitän: »Wie magst du dies behaupten?« Er wollte nichts von alledem glauben und misstraute mir. Doch bald versammelten sich die übrigen Kaufleute um uns; die einen glaubten mir, während mich die anderen für einen Lügner hielten. Da trat auf einmal ein Handelsmann aus ihrer Mitte hervor, grüßte mich und sprach: »Du hast wahr gesprochen, Sindbad der Seefahrer. Dieses Geld und diese Waren gehören dir.«

Dieser Kaufmann sagte: »Ich erzählte euch vor kurzem das Wunderbarste, was mir jemals auf Reisen begegnet, als ich nämlich einst Diamanten sammelte und wie die anderen Sammler auch, vom Diamantberg herab große Fleischstücke warf. Die Diamanten sollten an den Fleischbrocken hängen bleiben und mit den aasfressenden Vögeln auf den Berg getragen werden. Und dass einmal ein Mensch sich an einem solchen Fleischstück festgebunden hatte, um sich aus dem Tal zu retten. Dies war Sindbad, der mir dann aus Dankbarkeit viele Diamanten schenkte,

DR. ALDERETE + ZOVECK.COM
12 SEP

von denen er die Taschen voll hatte. Wir reisten dann zusammen nach Basra, von wo er sich nach Bagdad begab. Ich weiß nicht, was ihm inzwischen zugestoßen ist, danke aber Gott, dass er wieder bei uns ist, um euch zu überzeugen, dass ich euch die Wahrheit berichtet, und dass ihn der Herr wieder zu seinen Besitztümern geführt hat.«

Nachdem dieser Kaufmann so gesprochen hatte, gab ich dem Kapitän noch andere Erkennungszeichen bis er keinen Zweifel mehr hatte und mich neu willkommen hieß und umarmte und sagte: »Gott sei gepriesen für deine Rettung.« Nachdem ich dann meine ganze Geschichte erzählt und noch andere Beweise angeführt hatte, wurden mir meine Waren ausgehändigt. Ich verkaufte diese und machte damit einen ungewöhnlich großen Gewinn.

Von der Insel Kalaset segelten wir nach Indien, wo ich Gewürznelken, Ingwer und andere Spezereien einkaufte. Von hier segelten wir nach Sind, wo wir auch Handel trieben und uns das Land ansahen. Auf dieser Reise sah ich unzählbare Merkwürdigkeiten, unter anderem Fische, die aussahen wie Stiere und Esel, auch Vögel, die aus einer Seemuschel hervorgehen und auf dem Wasser Eier legen und ausbrüten und nie das trockene Land betreten.

Endlich kam ich, nach einer langen Reise von Insel zu Insel, in Basra an und erreichte schließlich wieder Bagdad mit mehr Geld und Waren, als ich selbst wusste. Ich machte meinen Freunden und Bekannten viele Geschenke, kleidete Waisen und Witwen und schaffte mir wieder Diener an. Ich lebte in süßer Behaglichkeit an guten Speisen und Getränken, an Musik, Gesang und schönen Frauen mich ergötzend, froh und heiter und gedachte nicht mehr der ausgestandenen Leiden. Das ist der Schluss meiner dritten Reise.‹

Dann ließ Sindbad wiederum Speisen auftragen, gab dem Lastträger wieder hundert Goldstücke und sprach: »Komme morgen wieder, du sollst dann weiter hören, was mir noch Merkwürdigeres auf der vierten Reise begegnet ist.« Der Lastenträger versprach es und ging nach Hause, verwundert über das, was er von Sindbad gehört hatte. Des anderen Tages ging er wieder zu ihm. Als sie alle beisammen waren, labten sie sich wie an den vorhergegangenen Tagen an köstlichen Speisen und Getränken. Später begann Sindbad mit der Erzählung über seine vierte Reise.

Sindbads vierte Reise

Illustriert von Jules Langran

›Ich lebte einige Zeit allen Lebensgenüssen hingegeben und vergaß alle früheren Strapazen im Übermaße meines Glücks und meiner blühenden Geschäfte. Eines Tages besuchten mich vornehme Kaufleute, die durch ihr Gespräch über Handel und Reisen auch mein Fernweh wieder weckten, so dass ich beschloss, mit ihnen zu reisen, um neue Länder zu sehen. Ich kaufte kostbare Waren für den Seehandel ein und begab mich mit meinen Freunden auf ein großes Schiff. Wir waren längere Zeit unterwegs, als wir eines Tages bei einer bisher außerordentlich günstigen Fahrt von einem Windstoß erfasst wurden, der den Kapitän zwang, die Segel einzuholen und die Anker auszuwerfen. Der Sturm kam aber dann von vorne, zerriss unsere Segel sowie das Ankertau und schlug den Mastbaum um, so dass das Schiff unterging und eine große Anzahl Handelsleute ertranken und die Ladung zugrunde ging.

Ich und einige andere Handelsleute hatten das Glück, uns an einer Planke festhalten zu können, auf dem wir einige Zeit bei stillem Wind mit Händen und Füßen fortruderten. Dann erhob sich der Sturm wieder und die Wellen trieben uns mit Gottes Willen auf eine große Insel. Wir gingen an Land, außer uns vor Erschöpfung, Hunger, Durst und Kälte, und stillten unseren gröbsten Hunger mit dort wachsenden Pflanzen. Die Nacht verbrachten wir am Strand. Am darauf folgenden Tag drangen wir mit dem ersten Strahl der Sonne auf die Insel vor und bemerkten Behausungen, denen wir uns näherten.

Sogleich kam uns ein Schwarzer aus den Hütten entgegen. Ohne uns zu grüßen, begleitete er uns und führte uns zu ihrem Oberhaupt. Man stellte uns eine Speise vor, die wir nicht kannten, die von uns noch nie jemand gesehen hatte. Meine Kameraden, an denen der Hunger gezehrt hatte, aßen davon. Ich aber hatte einen

Ekel davor und wollte trotz meinem Hunger nicht einmal davon kosten; dies war mein von Gott beschiedenes Glück, denn kurz darauf bemerkte ich, dass meine Kameraden den Verstand verloren hatten, und wie Bessesene immer weiter aßen. Man reichte uns darauf Kokosnussöl. Meine Kameraden, die schon von Sinnen waren, aßen auch hiervon und rieben sich damit ein. Ich staunte darüber und bemerkte dann, dass es Magier waren, die alle Fremden, die zu ihnen kamen, mästeten. Diese gaben sie dann ihrem König, der ein Werwolf war, gebraten zu essen. So geschah es meinen Kameraden, die durch diese Speisen ihren Verstand verloren hatten. Ich aber blieb zwei Tage bei ihnen und enthielt mich aus Furcht und Angst jeder Speise und jedes Getränks.
Ich magerte sichtbar ab und meine Haut dörrte aus: die Inselbewohner bemerkten meinen krankhaften Zustand. Sie ließen mich leben und kümmerten sich gar nicht um mich. Auf diese Weise konnte ich mich eines Tages aus dem Dorf entfernen und, mich von den Früchten der Insel nährend, verstohlen immer weiter weg bewegen. Da bemerkte ich in der Ferne einen Greis und ging auf ihn zu, um zu sehen, wer er sei. Es war der Hirte, der diejenigen Menschen auf die Weide

führte, welche vom König verzehrt werden sollten. Er mußte sie, nachdem sie von der genannten Speise gegessen hatten, ins Freie führen, wo sie mit den Früchten der Insel gemästet wurden, bis sie richtig fett wurden. Als ich dies wahrnahm, fürchtete ich mich und wollte umkehren. Der Greis, welcher merkte, dass ich verständiger als die anderen war, gab mir durch ein Zeichen zu verstehen, dass ich den Weg nach rechts einschlagen sollte, um zu meinem Ziele zu gelangen. Ich folgte dieser Weisung, schlug den bezeichneten Weg rechts ein. Dabei fürchtete ich immer, verfolgt zu werden, lief bald, ging dann wieder langsam und ruhte aus. Endlich, als die Nacht hereinbrach und ich weit entfernt war, legte ich mich nieder, konnte aber vor Angst und Müdigkeit nicht schlafen. Ich stand wieder auf und ging die ganze Nacht hindurch. Des Morgens ruhte ich wieder aus und stärkte mich an einigen Pflanzen und Früchten und setzte so meinen Marsch sieben Tage lang fort.

Am achten Tage bemerkte ich in der Ferne einen Greis, ging auf ihn zu und erreichte ihn erst beim Sonnenuntergang. Bei ihm fand ich weiße Menschen, die beschäftigt waren, Pfeffer zu sammeln. Sie kamen mir sogleich entgegen, als sie meiner ansichtig wurden und fragten mich, wer ich sei und woher ich komme. Ich erzählte ihnen, wie ich Schiffbruch erlitten, auf diese Insel gekommen und in die Hände der Schwarzen gefallen sei. Sie unterbrachen mich mit der Frage: durch welches Wunder ich den Einheimischen, welche diese Insel beherrschen, habe entkommen können. Ich erzählte ihnen alles vom Anfang bis zum Ende, und sie waren darüber höchst verwundert.

Sie brachten mir dann etwas zu essen, und als ich gegessen und ausgeruht hatte, schiffte ich mich mit ihnen ein, und wir begaben uns auf die Insel, woher sie gekommen waren. Sie brachten mich zu ihrem König, der mich begrüßte und begierig, meine Geschichte zu hören, sich dieselbe genau erzählen ließ.

Nachdem ich alles erzählt hatte, beglückwünschte er mich zu meiner Rettung, hieß mich sitzen und ließ mich von seinen Dienern bewirten. Ich pries Gott und dankte ihm für seine Güte. Ich blieb in seiner Stadt, die sehr zahlreich bevölkert war und in der viel Handel getrieben wurde. Dieser angenehme Aufenthalt tröstete mich mächtig über mein Unglück, und die Güte, die der König für mich hatte, machte mich vollends zufrieden, und ich freundete mich bald mit den Bewohnern der Stadt an.

Ich bemerkte in diesem Lande etwas, das mir sehr ungewöhnlich schien. Jedermann ritt auf edlen Pferden ohne Steigbügel und ohne Sattel. Ich fragte eines Tages den König, warum er sich keines Sattels bediene. Seine Antwort war, ich spreche ihm von Dingen, deren Anwendung er nicht kenne. Ich bat um die Erlaubnis, einen Sattel anzufertigen und ging sogleich zu einem Schreiner und lehrte ihn, einen Sattel nach einer Zeichnung zu bauen, die ich ihm gab. Als derselbe fertig war, fütterte ich ihn mit Wolle aus und besetzte ihn mit Leder. Drauf ging ich zum Schmied, der mir eine Gebißstange und Steigbügel, so wie ich es ihm zeigte, machte.

Als dies alles aufs Beste fertig war, ging ich zum König hin, suchte eines seiner besten Pferde aus, legte ihm Sattel und Zaum an und bat ihn, das Pferd zu besteigen. Der König bestieg dasselbe und hatte an der Erfindung solches Gefallen, dass er mir seine Freude durch großartige Geschenke zeigte. Daraufhin machte ich verschiedene Sättel für die übrigen Großen des Reichs, die mir alle Dinge schenkten, die mich binnen kurzem zu einem reichen Mann machten. Auch bei den übrigen Einwohnern bekam ich einen guten Ruf und war allgemein geschätzt und geachtet, weil ich den Schreiner gelehrt hatte, das Gerippe zum Sattel zu fertigen und den Schmied, Zaum und Steigbügel zu schmieden.

Eines Tages sagte mir der König: »Sindbad! Ich habe dich gern und weiß auch, dass alle meine Untertanen dasselbe tun. Ich habe eine Bitte an dich; du mußt mir versprechen, sie zu erfüllen, dann wirst du alles Gute erlangen.« – »Oh mein König!«, war meine Antwort, »was verlangst du von mir?« Der König erwiderte: »Mein Wunsch ist, dass du eine der vornehmsten Töchter meiner Stadt zur Frau nimmst, damit dich dieselbe fessele und du einer der Unsrigen wirst. Ich will dir Einkünfte verschaffen, die dir gestatten, im Überfluß zu leben.« Da ich nicht wagte, dem Befehl des Königs zuwider zu handeln, so erwiderte ich: »Du hast zu gebieten, oh König!«

Er ließ alsbald den Kadi und die Gerichtszeugen rufen und verheiratete mich mit einer vornehmen, adeligen, sehr schönen Frau, die viel Geld und Güter besaß. Er gab mir dann eine Wohnung, schenkte mir Sklaven und gab mir Diener und bestimmte mir ein Einkommen. Ich freute mich damit und dachte: ich gebe mich der Fügung Gottes hin. Will er mich einst wieder in meine Heimat zurückführen, so kann es niemand hindern, und es bleibt mir dann die Wahl, ob ich die Frau

mitnehme oder entlasse. Indessen liebte ich bald meine Frau und ward auch von ihr geliebt, so dass wir eine geraume Zeit sehr glücklich lebten.

Eines Tages hörte ich ein Jammergeschrei aus dem Hause meines Nachbarn, mit dem ich befreundet war. Ich fragte nach der Ursache diesen Jammers und vernahm, seine Gattin sei gestorben. Ich hielt es für meine Pflicht ihn zu besuchen. Ich ging zu ihm, um ihn zu trösten und fand ihn tief bekümmert. »Gott stärke dich, vermehre deinen Lohn, erbarme sich der Verstorbenen und verleihe dir ein langes Leben!«, war meine Anrede an ihn. »Ach«, rief er aus, »was können mir deine Wünsche nützen? Ich habe bloß noch eine Stunde zu leben! Ich sehe dich und alle meine Freunde nicht wieder bis zum Auferstehungstage.« Ich fragte: »Wieso dies?« – »Wisse«, erwiderte er, »man wird alsbald meine Frau waschen und in ein Totengewand hüllen und beerdigen und mich mit ihr begraben. Dies ist der Brauch unseres Volks: der lebende Mann wird mit seiner gestorbenen Frau und die lebende Frau mit ihrem gestorbenen Mann begraben, damit sie auch nach dem Tode vereinigt bleiben.« Ich sagte: »Bei Gott, das ist eine abscheuliche Sitte, der sich niemand gern unterwirft.« Während wir uns so unterhielten, kamen die meisten Stadtbewohner herbei, um die Trauernden zu trösten. Man legte dann die Frau in einen Sarg und ging damit ans Ende der Insel bis zu einem großen Stein, der eine ausgetrocknete Zisterne bedeckte. Der Stein wurde aufgehoben, und der Leichnam sowohl als der lebendige Mann wurden an einem Strick hinabgelassen. Der Mann, dem man einen Krug Wasser und sieben Brötchen mitgab, löste den Strick ab, der wieder heraufgezogen wurde, worauf dann die Öffnung wieder mit dem Stein verschlossen wurde und jeder seines Weges ging.

Als ich hierauf wieder zum König kam, sagte ich ihm: »Oh mein Herr, wie mögt ihr Menschen lebendig begraben?« Er antwortete: »So ist es Sitte bei uns: stirbt ein Mann, so wird seine Gattin mit ihm begraben, stirbt eine Frau, so folgt ihr der Gatte ins Grab. So war es Sitte bei unseren Vätern und Ahnen und den Königen vor uns.« Ich sagte: »Das ist eine schlimme Sitte«, dann fragte ich: »Gilt dieses Gesetz auch für Fremdlinge?« – »Allerdings«, erwiderte er mir, »sind sie nicht davon ausgenommen.« Die Furcht, dass meine Frau vor mir sterben könne und dass ich dann lebend mit ihr begraben würde, flößte mir sehr trübe Gedanken ein. Ich befand mich wie in einem Gefängnis durch diese Worte des Königs und verabscheute meinen Aufenthalt in einer solchen Stadt. Am Ende beruhigte ich mich wieder und dachte: vielleicht sterbe ich vor meiner Frau, oder mir wird Gott helfen, dass ich vor ihrem Tode in meine Heimat zurückkehre. Aber nach einiger Zeit erkrankte sie, hütete das Bett und starb.

Mein Schmerz war groß, denn ich konnte nicht mehr entfliehen. Viele Leute kamen, um mich und die Verwandten der Frau zu trösten. Der König selbst erschien auch, um mir sein Beileid zu bezeugen. Man stattete alsbald meine Frau aus und trug sie in einem Sarge nach jenem Berge, hob den Stein von der Zisterne, dann sprach man mir Trost zu und verabschiedete sich von mir. Ich schrie: »Ist es erlaubt von Gott, einen Fremden lebendig zu begraben? Ich bin nicht von den Eurigen, kannte eure Sitte nicht, hätte ich sie gekannt, so würde ich keine eurer Frauen geheiratet haben.«

Sie hörten mich aber nicht an und hatten kein Mitleid mit mir. Sie banden mich fest, ließen mich in die Zisterne hinab und riefen mir zu: mache den Strick los! Als ich dies nicht tat und fortwährend schrie, warfen sie den Strick auf mich herab und deckten die Öffnung wie gewöhnlich zu. Da sie gewohnt waren, den

Verstorbenen die schönsten Kleider und den kostbarsten Schmuck anzuziehen, war dies auch bei meiner Frau geschehen, welche viele wertvolle Edelsteine bei ihrem Schmuck hatte.

Als die Leute fort waren, sah ich mich in der Zisterne um, welche von einem abscheulichen Gestank angefüllt war, und vernahm ein leises Stöhnen, das meine Angst noch vermehrte. Es kam von einem Mann, der wenige Tage vor mir hinab gelassen worden war. Ich wurde fast rasend vor Verzweiflung und dachte: es gibt keinen Schutz und keine Macht außer bei Gott. Gottes Wille geschehe! Warum mußte ich mich in dieser Stadt verheiraten, ich war doch früher so vergnügt. Ich erinnerte mich an mein früheres glückliches Leben und dachte: wäre ich doch wenigstens einen schönen Tod gestorben und gewaschen und beerdigt worden! Bei Gott, so wie ich einem Unheil entkomme, stürze ich in das nächste, und am Ende soll ich so jämmerlich umkommen und lebendig begraben werden. Gott verdamme die Gelüste nach weltlichen Dingen. Nur meine Gier hat mich in eine so verzweifelte Lage gebracht. Ich fuhr dann fort, mir selbst Vorwürfe zu machen und mir zu sagen, dass ich dies und noch mehr von Gott verdient habe, da ich ein freies, ruhiges Leben geführt hatte und nicht geruht, bis ich in eine dunkle Zisterne zu Leichen geworfen wurde. Ich wünschte mir den Tod, wendete mich dann vom Satan ab und flehte Gottes Schutz an. Ich hatte jedoch eine schlimme Nacht, war hungrig und durstig, und befand mich in solcher Dunkelheit, dass ich den Tag nicht von der Nacht unterscheiden konnte. Ich streckte die Hand nach dem Brot aus und aß etwa die Hälfte eines Brötchens, nahm auch ein wenig Wasser aus dem Krug, denn ich dachte: ich will wenig essen, vielleicht rettet mich Gott noch. Dann ging ich an den Wänden der Zisterne entlang und merkte, dass es eine große Höhle war, in der viele Leichen und Knochen umherlagen.

Plötzlich ging die Öffnung der Zisterne wieder auf, es kam Licht von oben, und ich dachte: es wird vielleicht wieder jemand begraben. Ich blickte hinauf ohne gesehen zu werden, und bald ließ man einen toten Mann und eine hübsche lebendige Frau zu mir herab, der man, wie gewöhnlich, einen Krug Wasser und sieben Brötchen mitgab. Sobald sich die Leute von der Öffnung entfernt hatten, machte ich mich auf und gab ihr schnell mit einem der Knochen, die umher lagen, zwei Schläge auf den Kopf. Sie verlor die Besinnung und das Leben. Ich nahm dann ihr Brot und ihr Wasser und was sie an Schmuck und Edelsteinen an sich hatte und

nährte mich von diesem Brot, nahm aber nie zu viel zu mir, damit der Vorrat lange währte, denn ich hoffte immer noch auf Gottes Hilfe. So lebte ich eine gewisse Zeit, indem ich immer die Leute, die man lebendig herabließ, erschlug und mich ihres Vorrats bemächtigte.

Eines Tages, als ich so dasaß, hörte ich ein Rascheln an den Knochen, die an der Seite der Zisterne lagen. Ich stand auf, um zu sehen, was dies bedeute, denn ich fürchtete mich. Da bemerkte ich, dass sich irgendetwas vor mir bewegtel Ich ergriff einen Knochen und verfolgte den Gegenstand, der vor mir weglief. Ich verfolgte ihn so lange, bis ich ein Licht entdeckte, das in der Ferne einem Stern glich. Ich ging auf dieses Licht zu und dachte, vielleicht hat die Zisterne eine zweite Öffnung. Schließlich entdeckte ich, dass das Licht durch einen Spalt im Felsen kam, der auf das Meer ging und durch welchen aasfressende Tiere in die Zisterne mit den Toten kamen. Als ich mir dieser Tatsache gewiss war, beruhigte ich mich ein wenig und sah wieder neues Leben vor mir. Nachdem ich mich dem Tod näher geglaubt hatte als dem Leben, war mir, als träumte ich und sogleich schöpfte ich neue Hoffnung.

Ich gab mir Mühe, mich durch die Öffnung zu zwängen und befand mich am Ufer des Meeres, durch einen hohen Berg von der Stadt getrennt, nach welcher gar kein Weg führte.

Ich dankte Gott für meine Rettung. Drauf ging ich in die Höhle zurück, um das Brot und Wasser zu suchen, das ich noch darin hatte. Dann kehrte ich wieder zurück und nahm alle Diamanten, Perlen, Rubine, goldene Armspangen mit den übrigen Goldstoffen, die sich an den Bahren befanden, weg, um sie ans Meeresufer zu tragen. Ich machte mehrere Packen daraus und hüllte sie in Totengewänder ein. Ich ging dann jeden Tag wieder in die Höhle, erschlug die Leute, die man lebendig herabgelassen hatte und nahm ihr Brot und ihr Wasser.

Nach einiger Zeit, als ich so am Meeresstrand saß, bemerkte ich ein Schiff, das vorüber segelte. Ich rief aus vollem Hals, damit man mich höre und winkte mit einem Fetzen von einem Totengewande, das neben mir lag. Man bemerkte mich, und eine Schaluppe ward gesandt, um mich an Bord zu führen. Auf die Frage der Matrosen, wer ich sei und wieso ich mich an diesem Ort befinde, wo sie vor mir noch keinen Menschen gesehen, antwortete ich, ich sei ein Kaufmann. Ich hätte mich auf einem Schiff befunden, das untergegangen sei und ich hätte mich mit großer Anstrengung, einigen Waren und etwas Schmuck hierher gerettet. Ich sagte ihnen aber nichts von dem, was mir in der Stadt und in der Höhle widerfahren war, weil ich fürchtete, es könnte jemand aus der Stadt auf dem Schiff sein.

Sie nahmen mich mit meiner Beute auf, und als ich auf das Schiff kam, sammelte sich alles um mich herum, und als der Kapitän mich ausfragte, wiederholte ich, was ich den Matrosen erzählt hatte und bemerkte, dass ich meine ganze Ladung verloren, kein Geld besitze und nur einigen Schmuck aus dem Schiffbruch gerettet habe. Ich bot ihm dann einiges davon an, da er mich doch aufgenommen habe. Er nahm aber nichts an, indem er sagte, dass er Gott zu Ehren jeden, der Schiffbruch erlitten hat oder auf einer Insel gestrandet ist, aufnehme und mit Proviant versorge, und dass er sich freue, mich außerhalb aller Gefahr auf seinem Schiff zu sehen.

In der Tat versorgte mich der Kapitän unentgeltlich, bis wir glücklich nach Basra kamen, von wo ich, nach kurzem Aufenthalt, mich nach Bagdad begab. Ich teilte meine Schätze mit meiner Familie und mit meinen Freunden, beschenkte die Armen und Waisen und lebte wieder einige Zeit in Lust und Wonne mit meinen Freunden.‹

»Das sind die Abenteuer meiner vierten Reise, komme aber morgen wieder«, sagte er hierauf zu Sindbad, dem Lastträger, »um die Geschichte meiner fünften Reise zu vernehmen, die noch wunderbarer als die der vorherigen ist.« Er ließ ihm dann wieder hundert Dinare geben, und am folgenden Morgen, als der Lastträger wiederkehrte und man gegessen und getrunken hatte, begann Sindbad der Seefahrer mit der nächsten Erzählung.

Sindbads fünfte Reise

Illustriert von Cecilia Carlstedt

›Der Genuss des Wohlstandes beeinflusste mich derart, dass ich die ausgestandenen Leiden und Strapazen schnell vergaß. Und wieder reizte mich die Idee, fremde Länder zu sehen. Also kaufte ich daher Waren, ließ sie einpacken und reiste damit nach Basra. Als ich an das Ufer des Meeres kam, sah ich ein großes Schiff, auf dem viele Kaufleute waren. Ich kaufte es, nahm einen Kapitän und Matrosen in Sold und bestieg es mit meinen Sklaven und Dienern. Wir lasen die erste Sure des Korans und reisten mit Gottes Hilfe Tag und Nacht, von Stadt zu Stadt und von Land zu Land, bis uns das Schicksal zu einer verlassenen Insel brachte, wo wir ein Ei des Vogels Roch fanden, das in der Ferne einer Kuppel gleich sah. Das Junge war gerade im Begriff auszuschlüpfen, sein Schnabel war schon zu sehen.

Die Handelsleute, die sich mit mir eingeschifft hatten und auch mit mir ans Land gegangen waren, schlugen mit Steinen auf das Ei ein, brachen eine Öffnung hinein, aus der sie das Junge des Vogels Roch herauszerrten. Sie schlachteten es und aßen das Fleisch. Ich schlief neben dem Schiff; als ich erwachte, rief ich ihnen zu, das Ei nicht zu zerstören, da sonst der Vogel unser Schiff zerstören würde.

Aber sie hörten nicht auf meine Worte, so sehr ich sie auch deshalb anschrie. Darüber verfinsterte sich die Atmosphäre, die Sonne verhüllte sich, obgleich es zur Mittagszeit war. Die Sonne ward wie von einer schwarzen Wolke überzogen, und als wir gen Himmel sahen, bemerkten wir, dass die vermeintliche Wolke die Flügel des Vogels Roch waren, der in der Luft über seinem Ei kreiste.

Der Kapitän rief uns zu, so schnell wie möglich das Schiff zu besteigen, um nicht von Roch getötet zu werden. Wir eilten auf das Schiff und entfernten uns eilig vom Ufer. Inzwischen sah sich der Vogel nach seinem Ei um und stieß ein furchtbares Geschrei aus, als er es zerbrochen fand. Er verfolgte uns dann mit seinem Weibchen, und trotz aller Anstrengung, das Schiff so schnell wie möglich in Bewegung zu setzen, fanden sie sich doch bald über unserm Schiff, und wir bemerkten, dass jeder Vogel zwischen seinen Krallen ein Felsenstück von ungeheurer Größe hielt. Roch ließ hierauf das Felsenstück, das er hielt, über uns herunterfallen; der Steuermann konnte jedoch noch schnell genug dem Schiff eine andere Wendung geben, wodurch jenes ins Meer fiel und dasselbe bis auf den Grund aufwühlte, so dass das Schiff in die Höhe gehoben und dann wieder niedergeworfen wurde und beinahe unterging.

Kaum waren wir durch Gottes Hilfe dieser Gefahr entronnen, so ließ das Weibchen einen noch größeren Felsbrocken mitten auf unser Schiff fallen, so dass es zerschmettert ward. Die Matrosen und Reisenden ertranken; ich selbst kam unter Wasser, glücklicherweise konnte ich mich an einem Stück der Schiffstrümmer halten. Indem ich mich so drei Tage lang mit den Händen hielt und mit den Füßen ruderte, wurde ich endlich mit einem günstigen Winden vor eine Insel getrieben.

Ich war völlig ausgezehrt und kraftlos vor Hunger, Müdigkeit und Ärger, und machte mir wieder Vorwürfe, dass ich mein glückliches Leben aufgegeben und mich aus Übermut neuen Gefahren ausgesetzt hatte. Als ich indessen eine Weile geschlafen und mich gestärkt hatte, ging ich auf der Insel umher und fand sie reich an Vögeln, Bächen und Baumfrüchten. Ich aß und trank, bis ich gesättigt war und legte mich des Abends nieder in großer Furcht, weil ich keine Spur von einem menschlichen Wesen entdeckt hatte.

Als ich ein wenig auf der Insel zwischen Bäumen und Bächen vordrang, bemerkte ich einen Mann, der bei einem laufenden Wasserrad saß. Er war ganz nackt, hatte nur eine Schürze aus Palmfasern und einen Gürtel aus geflochtenen Blättern an. Ich dachte, er ist vielleicht fremd wie ich und näherte mich, ihn grüßend. Er erwiderte meinen Gruß mit Anstand und Freundlichkeit und hieß mich willkommen. Ich fragte ihn, wer er sei, woher er komme und auf welcher Insel ich mich befände. Er gab mir durch Gebärden zu verstehen, dass ich ihn zu dem Brunnen des Wasserrads tragen sollte.

Anfangs dachte ich mir, dass sein Zustand wirklich diese Hilfe nötig mache; ich nahm ihn daher auf meinen Rücken und trug ihn bis an den bezeichneten Ort,

dann hieß ich ihn absteigen und wollte ihn niedersetzen. Ich konnte ihn aber nicht von den Schultern herunterbringen, denn er hatte mir die Beine um den Hals geschlungen, deren Haut der eines Büffels glich und die so schwer wie ein Berg waren. Als ich sah, in welch neues Unglück ich gestürzt war, rief ich: es gibt keinen Schutz und keine Macht, außer bei Gott, dem Erhabenen. Sooft ich von einem Übel frei bin, falle ich in ein anderes.

Mein Herz war von Schrecken erfüllt, die Welt schwarz vor meinen Augen, und ich fiel bewußtlos auf den Boden. Er hob seine Beine ein wenig auf, ich ruhte und sah, dass seine Beine meinen Hals noch ärger zerschunden hatten, als wenn er mit einer Peitsche geschlagen worden wäre. Ich erhob mich und wollte davonlaufen, aber er rief mich zurück und befahl mir, ihn unter den Bäumen umherzutragen, und als ich mich nicht beeilte, sprang er wieder auf meine Schultern und stieß mich mit seinen Füßen, dass ich glaubte, er habe mir Brust und Rippen zerbrochen. So trug ich ihn dann mitten auf die Insel, denn so oft ich stehen blieb, schlug er mich, ich war wie sein Gefangener, so dass ich am Leben verzweifelte.

Er aber aß von den Früchten der Bäume und verunreinigte mich und stieg weder bei Tag noch bei Nacht von meinem Nacken herunter, selbst wenn er schlief hatte er seine Beine fest um meinen Hals geschlungen, so dass ich mich nicht losmachen konnte, und wenn ich nicht alsbald nach seinem Wunsche aufstand oder weiter ging, so schlug er mich auf die Seiten und auf die Brust, und seine Schläge waren ärger als Peitschenhiebe, so dass ich aus Furcht vor ihm ganz gehorsam sein mußte.

Ich wünschte den Tod herbei und machte mir Vorwürfe, dass ich mich von meiner Leidenschaft aus der Ruhe in solche Qualen habe stürzen lassen, auch nahm ich mir vor, in Zukunft mich keinem Menschen mehr zu nähern, der mich um Hilfe angeht.

Eines Tages fand ich auf dem Weg mehrere trockene Kürbisse; ich nahm einen ausgetrockneten, höhlte ihn schön aus und drückte den Saft mehrerer Trauben hinein. Als ich den Kürbis angefüllt hatte, verschloss ich die Öffnung wieder, die ich oben angebracht hatte, und legte ihn einige Tage in die Sonne, bis der Traubensaft sich in starken Wein verwandelt hatte. Dann trank ich jeden Tag davon, und er gab mir Kraft und berauschte mich, dass ich keine Müdigkeit mehr fühlte. Eines Tages ward ich vom Wein so munter, dass ich anfing zu singen, Verse zu rezitieren, die Hände zusammen zuschlagen und mit dem Greis hin und her zu hüpfen.

Als der Greis die Wirkung bemerkte, die das Getränk auf mich gemacht hatte, gab er mir zu verstehen, dass er auch davon trinken wolle. Ich reichte ihm daher den Kürbis hin, den er ergriff und bis auf den letzten Tropfen leerte. Er wurde bald sehr heiter, klatschte mit den Händen, hüpfte auf meinen Schultern und seine Beine fingen an sich zu lockern. Er zitterte an allen Gliedern und wurde ganz betäubt, da löste ich ihm seine Beine von meinen Schultern, setzte ihn auf die Erde und freute mich sehr, als ich ihn noch immer ganz bewußtlos sah. Ich holte einen großen Stein zwischen den Bäumen hervor, warf ihn mit aller Kraft auf den Kopf, so dass ich ihm den Schädel zerschmetterte und sein Blut mischte sich mit seinem Fleische. Gott eilte mit seiner Seele in die Hölle. Möge er kein Erbarmen mit ihm haben!

Ich ging dann wieder zurück an das Ufer, an die Stelle an der ich angelandet war, ernährte mich von den Früchten der Insel und sah immer nach dem Meer hin.

Groß war meine Freude, als eines Tages ein Schiff heransegelte und vor dieser Insel vor Anker ging. Ich ging auf die Mannschaft zu, grüßte sie, man erwiderte meinen Gruß und bald sammelten sich alle Leute vom Schiffe um mich, um zu hören, wie ich hierher gekommen war. Nachdem ich nun meine ganze Geschichte erzählt hatte, sagte der Kapitän: »Der Alte, den du erschlagen hast, wird der Scheich des Meeres genannt, noch niemand ist ihm lebendig entkommen, und wer unter ihm umgekommen ist, den hat er gefressen.«

Man wünschte mir Glück zu meiner Rettung, schenkte mir Essen und Kleidung und nahm mich mit auf das Schiff, das nach wenigen Tagen vor eine große Stadt getrieben wurde, die am Ufer lag. Mit einem großen, befestigten Schloss, welches Mauern mit einem eisenbeschlagenen Tor umgaben. Durch dieses Tor begeben sich die Bewohner der Stadt des Abends an das Ufer und besteigen ihre Boote, auf denen sie mitten im Meer die Nacht zubringen, aus Furcht vor den Affen. Ich dachte mit Bewunderung darüber nach und erinnerte mich an meine früheren Abenteuer mit den Affen und gedachte auch meiner Freunde.

Während ich aber so, in Gedanken vertieft, in der Stadt umherging, segelte das Schiff weiter, und ich bereute es, mich davon entfernt zu haben, aber meine Reue konnte mir nichts mehr nützen. Als ein Mann aus dieser Stadt mich so nachdenkend sah, sagte er zu mir: »Du scheinst hier fremd zu sein.« Ich antwortete: »Allerdings, ich befand mich auf dem Schiff, das hier geankert hatte, und während ich mich in der Stadt umsah, segelte es weiter und ließ mich zurück, ich bin nun allein, ganz unbekannt mit der Stadt und ihren Bewohnern.« Der Mann erwiderte: »Sei ohne Furcht, geh mit mir auf mein Boot, denn wenn du die Nacht in der Stadt bleibst, kommst du um.«

Ich folgte ihm und stieg in sein Boot, das sich ungefähr eine Meile weit von der Küste entfernte und erst am Morgen wieder zur Stadt zurückgebracht wurde, welche an der Grenze zum Land der Schwarzen lag. Wer die Nacht über in der Stadt blieb, wurde von den Affen aufgefressen.

Den Tag über ging jeder seinem Geschäft nach. Mich aber fragte der Mann, der mich aufgenommen hatte: »Verstehst du kein Handwerk?« Ich antwortete: »Bei Gott, ich bin kein Handwerker, ich war ein reicher Kaufmann, trieb Handel, habe aber durch Schiffbruch alles verloren.« Ich erzählte ihm dann meine ganze Leidensgeschichte, wie das Schiff zuerstört wurde und vom Scheich des Meeres.

Als er sie mit großem Erstaunen angehört hatte, sagte er, indem er mir einen mit Steinen gefüllten, baumwollenen Beutel überreichte: »Nimm diesen Beutel und folge mir!«

Er führte mich dann zu einer Gesellschaft und sagte: »Hier ist ein fremder Mann, der Schiffbruch erlitten und nichts mehr besitzt und kein Handwerk versteht, nehmt ihn mit, lehrt ihn euer Geschäft, vielleicht erwirbt er so viel, dass er damit in seine Heimat zurückkehren kann.« Die Leute, denen er mich so empfohlen hatte, hießen mich willkommen und sagten: »Bei unserem Haupt und unseren Augen.« Hierauf sagte der Mann: »Tu nun, was sie tun, und wenn du zurückkehrst, so komme wieder zu mir.«

Er verließ mich dann, nachdem er mir noch einigen Proviant gegeben hatte. Ich dankte ihm und schloss mich den übrigen an. Wir gingen dann ein Stück, bis wir zu hohen, glatten Bäumen gelangten, auf die kein Mensch hinaufklettern konnte. Unter diesen Bäumen lagerten viele Affen. Als diese uns sahen, kletterten sie schnell auf die Bäume hinauf. Die Leute warfen ihnen die Steine aus ihren Taschen nach, woraufhin die Affen die Früchte pflückten und herunterwarfen. Als

ich die Früchte näher betrachtete sah ich, dass es Kokosnüsse waren. Die Bäume waren Kokosnusspalmen, deren Früchte nur so geerntet werden konnten.
Ich nahm dann auch Steine aus meinem Beutel und schleuderte sie gegen die Affen, die mich dafür wieder mit Nüssen bewarfen, die ich in großer Zahl einsammelte. So brachten wir den ganzen Tag zu, und vor dem Abend kehrten wir in die Stadt zurück. Ich übergab dem Mann, der mich aufgenommen hatte, die Kokosnüsse, die ich gesammelt hatte. Er freute sich und sagte: »Geh jeden Tag mit den Leuten und bringe, was dir Gott beschert. Vielleicht bringst du so viel zusammen, dass, wenn du sie verkaufst, du mit dem Erlös in deine Heimat zurückkehren kannst.«
Ich dankte ihm und wünschte ihm viel Gutes für das, was er mich gelehrt und fuhr fort, Nüsse zu sammeln, zu verkaufen und das Geld zu sparen. Eines Tages ankerte ein Schiff vor dieser Stadt, auf welchem viele Kaufleute waren, die mit ihren Waren Tauschhandel trieben. Ich ging zu meinem Wirt und sagte ihm, dass ich die Absicht habe, mit dem angekommenen Schiff abzureisen. Er ging zum Kapitän, mietete mir einen Platz, gab mir noch etwas zu Essen für die Reise und nahm Abschied von mir.
Ich begab mich mit vielen Kokosnüssen auf das Schiff, denn ich hatte nur einen Teil derselben verkauft, auch schenkten mir meine Gefährten noch viele Nüsse. Wir reisten von Insel zu Insel, bis wir an eine große Stadt kamen. Ich vertauschte die Kokosnüsse gegen Gewürznelken und Pfeffer und sah mir den Pfefferbaum an. Man sagte mir von ihm, er trage die Pfefferkörner als große Büschel, und neben jedem Büschel wachse ein großes Blatt, das für Schatten sorgt und gegen Regen schützt. Wenn es aufhört zu regnen, wendet sich das Blatt wieder nach unten.
Wir kamen auch auf andere Inseln, auf welchen verschiedene Aloeartem wachsen, deren Wurzeln bis ins Meer reichen. Die Bewohner dieser Insel waren dem Wein und der Unsittlichkeit ergeben und wußten nichts vom Beten. Dann kamen wir auf die Insel der Perlensammler, ich gab Tauchern viele Kokosnüsse und ließ sie für mich tauchen und vertraute dabei auf Gott. Sie brachten viele kostbare Perlen herauf, und ich wurde reicher, als ich es je war.
So reisten wir immer weiter bis nach Basra. Hier hielt ich mich einige Tage auf, um auszuruhen. Dann mietete ich ein Schiff und reiste mit allen meinen Waren

nach Bagdad zu meiner Familie und zu meinen Freunden, von denen ich geglaubt hatte, ich würde sie nie mehr wieder sehen. Nun lebte ich wieder wie früher in Lust und Wonne mit meiner Familie und meinen Freunden und vergaß bald alle meine Leiden. Das sind meine Abenteuer der fünften Reise‹, schloss Sindbad, der Seefahrer seine Erzählung.

Er ließ dann Sindbad, dem Lastträger, wieder hundert Dinare geben und lud ihn ein, am folgenden Morgen wiederzukehren, um die Ereignisse der sechsten Reise zu hören.

Sindbads sechste Reise

Illustriert von Kate Sutton

Am folgenden Morgen erzählte Sindbad der Seefahrer: ›Nachdem ich längere Zeit im höchsten Glück gelebt hatte und immer reicher wurde, kamen eines Tages reisende Kaufleute zu mir und sprachen von ihren Reisen und von ihrem großen Erfolg. Da überkam auch mich wieder die Lust zu reisen und fremde Länder zu besuchen. Ich kaufte kostbare Waren für eine Seereise, schaffte mir Proviant an und mietete ein Schiff nach Basra.

Dort fand ich ein großes Schiff, mit vielen angesehenen Kaufleuten. Ich reiste mit ihnen, mit dem Segen Gottes, von Meer zu Meer, von Insel zu Insel und von Stadt zu Stadt. Ich machte überall gute Geschäfte und lebte sehr vergnügt, bis eines Tages der Kapitän plötzlich seine Matrosen anschrie, sich wie ein Weib ins Gesicht schlug, den Turban vom Haupt warf, sich den Bart raufte und rief: »Wehe! Mein Haus ist verödet! Meine Kinder sind Waisen!«

Als wir ihn in solchem Zustand sahen, wurden wir sehr betrübt. Wir gingen auf ihn zu und fragten ihn, was vorgefallen sei. Er antwortete: »Seht ihr den Berg am Horizont? Wir haben den richtigen Weg verfehlt und das Schicksal hat uns an einen Ort getrieben, von welchem noch niemand entkommen ist. Wir können diesem Berg nicht entrinnen, es ist ein hoher Berg und wir sehen nur seine Spitze, darunter ist noch ein viel größerer und härterer Berg. Doch seid fest im Glauben und betet zu Gott, vielleicht ist eine reine Seele unter euch, deren Gebet Gott erhört, so dass wir gerettet werden.«

Wir fingen an zu beten und der Kapitän stieg auf den Mast, um zu sehen wohin wir uns wenden könnten. Er fand aber kein Mittel und hatte keine Möglichkeit, das Schiff woanders hinzulenken. Daher stieg er wieder vom Ausguck herunter und fiel vor Gram ohnmächtig auf das Deck. Bald darauf wehte uns ein Wind vom Berg entgegen, das Schiff drehte sich dreimal im Kreise herum, stieß dann zweimal gegen den Berg, wo es schließlich zerschmetterte, und mitsamt seiner Ladung unterging. Mancher Reisende, darunter auch ich, wurden ins Meer geschleudert und versuchten, sich an die Ausläufer des Berges zu klammern. Einigen gelang es, den Berg zu erklimmen, andere ertranken. Als wir oben auf dem Berg waren, sahen wir, dass es eine Insel mit großen Bäumen war. An der Uferkante lagen viele Gebeine und Schädel von Menschen und viele Waren und wertvolle Gegenstände von zertrümmerten Schiffen, welche der Wind und die Wellen dahin gespült hatten.

Ich ging, über meine Lage nachdenkend und mir Vorwürfe machend, dass ich mich unbedacht neuen Gefahren ausgesetzt hatte, mit den anderen Geretteten auf der Insel umher, bis wir an eine frische Quelle kamen, die aus dem Berg entsprang. Wir tranken und gingen weiter und staunten über die Menge kostbarer Güter, die herumlagen und von den geborstenen und untergegangenen Schiffen herrührten. Auch fanden wir allerlei Edelsteine auf dem Berg wie auf dem Grund der Quelle, von welcher wir tranken, desgleichen sahen wir verschiedene Sorten edler Aloebäume. An der Seite eines Bächleins fließt Ambra wie Wachs, das die Seetiere verschlingen, dann aber im Meere wieder ausspeien, worauf es Farbe und Beschaffenheit ändert. Alles dies findet sich auf dieser Insel, die aber wegen des Berges, an welchem die Schiffe zerschellen, unzugänglich ist.

Wir gingen nun ratlos umher, ohne zu wissen wohin, und wurden immer schwächer, denn wir konnten uns nur von den Pflanzen und Früchten ernähren, die auf der Insel wuchsen. Wenn einer von uns starb, wuschen wir ihn, hüllten ihn in seine Kleider und begruben ihn. Mit der Zeit ward unsere Zahl immer geringer. Sie schmolz bald auf drei zusammen und schließlich blieb ich allein noch am Leben. Ich machte mir Vorwürfe und dachte: wäre ich doch vor meinen Gefährten gestorben, sie hätten mich doch gewaschen, eingehüllt und begraben, während dies jetzt niemand tun kann. Ich grub mir dann ein tiefes Loch und dachte, wenn ich meine Lebenskraft schwinden fühle, so lege ich mich hinein und sterbe darin.

Während ich damit beschäftigt war, konnte ich mich nicht enthalten, mir vor Augen zu führen, dass ich ganz allein schuld an meinem Unglück sei, und meine bittere Reue ließ mich gestehen, dass es ein Fehler war, dass ich mich abermals ohne Not auf eine solche Reise begeben hatte.

Gott, der Allmächtige, flößte mir dann den Gedanken ein: Dieser Bach, der in der Erde verschwindet und unterirdisch weiterfließt, müsse notwendig an irgend einer Stelle wieder an die Erdoberfläche hervortreten. Wenn ich ein Floß baue und mich damit dem Laufe des Wassers anvertraue, so werde ich entweder mit Gottes Hilfe gerettet, oder zugrunde gehen; ist letzteres der Fall, so ist es doch besser auf dem Bach als hier umzukommen.

Ich fing sogleich an, das Floß zu bauen: ich machte es aus Schiffsplanken und dicken Seilen, die von den zerschellten Schiffen herumlagen, und band sie so fest zusammen, dass ein Gefährt daraus entstand, wie ein Fischerkahn, so stabil wie mit Nägeln beschlagen und ungefähr so breit wie der Bach.

Als es fertig war, belud ich es mit einigen Packen Perlen, Edelsteinen, grauem Bernstein und Aloeholz das ich am Ufer aufgelesen hatte. Zusammen mit einigen Pflanzen als Vorrat, packte ich alles fest zusammen und schiffte mich auf meinem Floß mit zwei kleinen Rudern ein. Nach einem Gebet überließ ich mich dem Lauf der Strömung, indem ich mich dem Segen des Allmächtigen empfahl.

Sobald ich mich in der Höhle befand, sah ich kein Tageslicht mehr, und der Lauf

des Flusses riss mich fort, ohne dass ich bemerken konnte, wohin. Ich trieb während einiger Tage in dieser Dunkelheit, mal schneller, mal langsamer, ohne dass ich einen Lichtstrahl entdecken konnte. Zuweilen war die Wölbung der Höhle so niedrig, dass ich nahe daran war, mir den Kopf zu verletzen. Auch war an manchen Stellen der Bach so eingeengt, dass ich die Ruder in den Kahn legen musste. Schwach und erschöpft bereute ich, was ich getan hatte, und vor Angst vergaß ich Hunger und Durst.

So ging das fort, bald schlief ich ein, bald erwachte ich wieder, bald wurde der Bach eingeengt, bald war er wieder breit und die Strömung trieb den Kahn immer weiter. Endlich fiel ich vor Schwäche und Hunger in einen festen Schlaf und als ich aufwachte, fand ich mich auf einem freien Feld. Ich lag am Ufer eines Flusses, woselbst mein Floß angebunden war, mitten unter einer großen Zahl Eingeborener Indianer und Schwarzer. Sie redeten mich an, ich verstand jedoch ihre Sprache nicht. In diesem Augenblick war ich so von Freude ergriffen. dass ich nicht wusste, ob ich wachte oder träumte, und rief mir die Worte des Dichters ins Gedächtnis: »Lasse dem Schicksal seinen Lauf und schlafe ohne Sorgen. In dem Augenblick, wo du darüber erschrickst, hat Gott schon alles anders gefügt.«

Einer der Schwarzen, welcher sah, dass ich nichts verstehen konnte, sagte in arabischer Sprache: »Der Friede Gottes sei mit dir!« Ich antwortete: »Mit dir sei Gottes Friede und Segen!« Drauf erzählte er mir: »Wir bearbeiten das Feld, das du hier siehst, und sind gekommen, dasselbe aus dem Fluss zu wässern. Wir bemerkten deinen Kahn, in welchem du schliefst. Wir haben ihn festgebunden und gewartet, bis du aufwachst. Erzähle uns, wer du bist und woher du kommst.« Ich antwortete ihnen, dass sie mir vorher etwas zu essen geben sollten, da ich sonst verhungere, und dass ich dann ihre Neugier befriedigen würde.

Sie brachten mir alsdann mehrere Speisen, womit ich meinen Hunger stillte. Als ich mich gestärkt und beruhigt hatte, erzählte ich ihnen ganz getreu alles, was mir zugestoßen war, und sie bezeugten mir ihre Verwunderung darüber. Sobald ich geendet hatte, sagten sie untereinander: »Wir müssen unserem König Nachricht geben von diesem Fremden und ihn zu ihm führen.«

Dann sagten sie zu mir: »Wir wollen dich jetzt zu unserem König führen.« Ich erwiderte, ich sei bereit, ihnen zu folgen. Sie nahmen mich alsbald in ihre Mitte

und zogen auch den Kahn mit, in welchem alle meine Edelsteine, Perlen und Ambra waren.
Als ich vor dem König stand, hieß er mich willkommen und hieß mich zu ihm sitzen und erkundigte sich nach meinen Verhältnissen. Ich erzählte alles von meiner bisherigen Reise und meinem Leben und der Mann, der mich angeredet hatte, übersetzte es ihm. Der König war sehr erstaunt über mein Abenteuer und erwies mir viel Ehre, worauf ich ihm einige Perlen und Edelsteine zum Geschenk machte. Er nahm das Geschenk an, ließ Speisen und Getränke auftragen und mir eine Wohnung im Schlosse einräumen. So lebte ich eine geraume Zeit bei ihm, hochgeehrt, und erzählte ihm von meiner Heimat und von der Regierung Harun ar-Raschids, wodurch mein Ansehen noch größer ward.
Eines Tages, als ich so dasaß, hörte ich, dass Kaufleute nach Basra reisen wollten. Das Heimweh nach meiner Familie und meinem Land ergriff mich und da ich die Handelsleute kannte, beschloss ich, mich ihnen anzuschließen und dachte, der König wird mich ihnen empfehlen. Ich begab mich zu ihm, küsste die Erde vor ihm und teilte ihm meinen Entschluss mit.
Er schickte alsbald zu den Kaufleuten und empfahl mich ihnen. Dann machte er mir viele Geschenke und stattete mich mit allen Reisebedürfnissen aus. So reisten wir denn im Vertrauen auf Gott, von Meer zu Meer und von Insel zu Insel, von Stadt zu Stadt, bis wir mit Gottes Segen, in Basra anlangten. Von dort begab ich mich nach wenigen Tagen weiter nach Bagdad. Meine Familie hatte schon geglaubt, dass ich tot sei und sie mich nie mehr wiedersehen würde. So freuten sie sich daher sehr über meine Ankunft. Ich teilte wieder viele mitgebrachte Geschenke an meine Freunde, sowie an die Armen aus.
Der Kalif hörte von meiner Rückkehr und ließ mich zu sich in seinen Palast rufen. Ich fiel nieder und küsste die Erde vor ihm und überreichte ihm seiner würdige Edelsteine und Perlen, sowie auch etwas Ambra und Aloeholz. Dann erzählte ich ihm auf sein Verlangen, was mir auf der ganzen Reise widerfahren, vom Tage an, als ich Bagdad verlassen hatte. Er nahm mein Geschenk an, hörte mir mit Erstaunen zu, erwies mir große Ehre und befahl seinen Sekretären, die ganze Geschichte niederzuschreiben und in der Schatzkammer aufzubewahren; zum Erstaunen und zur Belehrung für jeden, der sie hört.
Ich lebte nun wieder glücklich und zufrieden in Bagdad, allen Genüssen des Lebens

hingegeben und vergaß bald, was ich gelitten hatte. Das sind meine Abenteuer von der sechsten Reise.‹

»Komme morgen wieder«, sagte er zu Sindbad dem Lastträger, »um die Abendteuer meiner siebenten Reise zu vernehmen, die noch wunderbarer und entzückender sind.« Er ließ ihm wieder hundert Dinare geben und Sindbad der Lastträger ging nach Hause. Als er am folgenden Tag wiederkehrte und die übrigen Freunde beisammen waren und gegessen und getrunken hatten wie an den vorherigen Tagen, begann Sindbad der Seefahrer mit der Erzählung.

Sindbads siebente Reise

Illustriert von Mads Berg

›Nachdem ich einige Zeit höchst angenehm in Bagdad gelebt hatte, überwältigte mich wieder die Reiselust. Ich kaufte allerlei Waren, packte sie in Ballen für eine Seereise und begab mich, blind dem Segen Gottes vertrauend, nach Basra. Hier fand ich ein großes Schiff mit vornehmen Kaufleuten, mit denen ich mich anfreundete und einschiffte.

Als wir eine Strecke weit gefahren waren, erhob sich ein starker Sturm. Es regnete so stark, dass wir unsere Ladungen mit allerlei Kleidungsstücken und Tüchern zudeckten, und zu Gott beteten, dass er die Gefahr von uns abwende. Der Schiffskapitän aber umgürtete sich, nahm seine Zuflucht zu Gott vor Satan, stieg auf den Mast und sah sich nach allen Seiten um; darauf schrie er die Leute, die auf dem Schiff waren, an, schlug sich auf den Kopf und ins Gesicht, warf seinen Turban ab und raufte sich mit folgenden Worten den Bart: »Fleht Gott um Rettung an! Weint um euer Leben und sagt einander Lebewohl!«

Wir fragten ihn, was denn geschehen sei, und er antwortete: »Wir sind von unserem Weg abgekommen und der Wind wird uns bald ans äußerste Ende der Welt gebracht haben.« Er stieg dann vom Mastkorb herunter, öffnete eine Kiste und nahm einen blauen, baumwollenen Beutel, der mit Erde gefüllt war, heraus. Darauf holte er eine Tasse Wasser, mischte die Erde unter dasselbe und roch daran, um davon zu kosten; darauf brachte er ein Buch herbei, las darin und brach in Jammer aus, indem er sprach: »Wisset, dieses Buch sagt etwas wunderliches, das darauf deutet, dass, wer auf dieses Meer gerate, untergehe. Es heißt das Meer des königlichen Landes. Hier ist das Grab des Propheten Salomo, Sohn Davids, Friede sei mit ihm! Kein Schiff, das sich auf dieses Meer verirrt, bleibt ohne Schaden.« Wir waren sehr erstaunt über die Worte des Kapitäns. Kaum kamen wir jedoch wie-

der zu uns selbst, so barst das Schiff nach einem heftigen Windstoß, von dem es getroffen worden war. Wir sagten einander Lebewohl, weinten und beteten das Totengebet und ergaben uns dem Willen Gottes.

Da schwammen drei ungeheure Fische, groß wie Berge, auf uns zu und umgaben unser Schiff und der größte von ihnen öffnete sein Maul, um das ganze Schiff auf einmal zu verschlingen, denn es war so weit wie ein Stadttor, oder wie ein breites Tal. Wir flehten Gottes Hilfe an und kurz drauf hob ein starker Sturmwind das Schiff in die Höhe und schmetterte es im Herunterfallen gegen den Kopf eines Fisches, so dass es in Stücke zerbrach und wir alle ins Meer sanken.

Aber der Erhabene Gott ließ uns ein großes Brett ergreifen, woran wir uns klammerten und ich ruderte wieder mit den Füßen, wie schon bei früheren Schiffbrüchen. Wind und Wellen warfen uns dann an das Ufer einer Insel.

Krank vor Hunger, Kälte, Durst, Müdigkeit und Wachen kamen wir daselbst wie elende Küken an. Ich machte mir Vorwürfe über das, was ich getan, und sagte zu mir: meine früheren Reisen haben mich nicht bekehrt. So oft ich in großer Gefahr war, habe ich mir vergebens vorgenommen, nicht mehr zu reisen. Darum verdiene ich, bei Gott, was mir widerfährt, denn ich lebte in größtem Wohlstand und durch Gottes Huld hatte ich erreicht, was ich mir nur wünschen konnte. Ich weinte lange, flehte Gottes Gnade an und rief ihn als Zeugen auf, dass ich, wenn ich diesmal gerettet werde, nie mehr meine Heimat verlassen und nie mehr von einer Reise sprechen würde. Ich ging mit zerknirschtem Gemüt am Meeresufer umher, indem ich mir die Verse des Dichters ins Gedächtnis zurückrief:

»Wenn die Dinge sich verwickeln und einen Knoten bilden, so kommt eine Bestimmung vom Himmel und entwirrt sie. Habe Geduld; was dunkel war, wird hell werden, und der den Knoten geknüpft hat, wird ihn vielleicht auch wieder lösen.«

So irrte ich lange am Meeresufer umher, aß von den Früchten der Erde und trank das Wasser der Quellen. Als ich so längere Zeit in Jammer und vielfacher Not gelebt und mir den Tod gewünscht hatte, fiel es mir ein, wieder ein kleines Boot zu bauen und darauf, wie früher einmal, das Meer zu befahren. Ich dachte: werde ich gerettet, so ist es eine Fügung Gottes, gehe ich unter, so ist meine Qual zu Ende. Ich sammelte mir dann Holz und Bretter von den gestrandeten Schiffen, zerriss mein Gewand und flocht einen Strick daraus, womit ich die Bretter und das Holz fest zusammenband. Dann ließ ich das Boot ins Meer und ruderte darauf drei Tage lang, ohne zu essen oder zu trinken, auch ließ mich die Furcht nicht schlafen. Am vierten Tage kam ich an einen hohen Berg, aus dem Wasser auf die Erde stürzte. Ich legte hier an und sagte zu mir: es gibt keinen Schutz und keine Macht, außer bei Gott, dem Erhabenen! Wärest du doch an deinem Platze geblieben und hättest Datteln und andere Früchte gegessen. Hier jedoch mußt du umkommen!

Eine Rückkehr war jedoch nicht möglich, denn ich konnte den Kahn nicht mehr aufhalten. Das Wasser trieb mich unter den Berg, unter dem es wie unter einer Brücke, hindurchfloss. Ich legte mich in das Boot, doch manchmal war es so eng, dass ich mit meiner Seite oder dem Rücken an den Bergwänden anstieß. Nach einiger Zeit kam ich mit Gottes Hilfe wieder unter dem Berge hervor in ein weites Tal, in das hinab sich das Wasser mit einem donnerähnlichen Geräusch ergoß.

Ich hielt mich mit der Hand in dem Boot fest, mit dem die Wellen spielten, so dass ich hin und her schaukelte. Ich fürchtete mich sehr, ins Wasser zu fallen, und vergaß darüber Essen und Trinken: indessen schwamm das Boot, von der Strömung und dem Wind pfeilschnell getrieben, bis mich die Vorsehung zu einer vielbevölkerten Stadt von großem Ausmaß brachte. Da ich außerstande war, das Boot zu lenken oder anzuhalten, warfen mir Bewohner der Stadt, als sie mich sahen, Stricke zu, die ich jedoch nicht fassen konnte, bis sie zuletzt ein großes Netz über das ganze Boot warfen und mich damit ans Land zogen.

Ich war nackt, abgehärmt und ganz elend krank vor Hunger und Durst, Wachen und Anstrengung. Da kam ein Mann auf mich zu, hüllte mich in ein hübsches Gewand und nahm mich mit sich nach Hause, wo er mich in ein Bad führte. Alle seine Leute hießen mich freudig willkommen, hießen mich sitzen und brachten mir zu essen. Ich aß, bis ich satt war, denn ich war sehr hungrig.

Dann brachten mir Knaben und Sklaven warmes Wasser, womit ich mir die Hände wusch. Hierauf dankte ich Gott, der mich gerettet hatte. Auch wurde mir ein besonderer Ort an der Seite des Hauses angewiesen, woselbst ich von Sklaven und Sklavinnen bedient wurde.

So blieb ich drei Tage lang, am vierten Tage kam der Hausherr und sagte: »Herr, du bist uns willkommen, und das Jahr ist durch deine glückliche Ankunft gesegnet.« Meine Antwort war: »Gott erhalte dich und belohne dich für das, was du an mir tust!« Er jedoch sagte zu mir: »Wisse, mein Sohn, während du hier als Gast weilst, habe ich durch meine Diener deine Waren an Land bringen und inzwischen trocknen lassen. Willst du nun mit mir auf den Markt gehen und sehen, wie sie verkauft werden?« Ich wusste nicht, was ich antworten sollte, da ich keine Waren mitgebracht hatte. Ich sagte ihm dann: »Mein Vater, du weißt das besser.« Er versetzte: »Das ist deine Sache, lass uns gehen, um deine Waren zu verkaufen und andere einzutauschen, und um auch selbst mit den Kaufleuten bekannt zu werden.« Ich gehorchte und folgte ihm.

Auf dem Markt grüßten mich alle anwesenden Handelsleute und wünschten mir Glück zu meiner Rettung. Zugleich fand ich, dass mit den Waren, wovon mein Gastgeber gesprochen hatte, die Planken und Bretter gemeint waren, die ich auf der Insel gesammelt und aus denen ich das Floß zusammengebunden hatte.

Als der Makler das Holz ausrief, überboten sich die Kaufleute bis zu 10000 Dinare. Dann bot niemand mehr. Der Alte sagte zu mir: »Mein Sohn, das ist der jetzige Wert deiner Ware, die im Augenblick nicht gesucht ist, wenn du willst, kannst

du sie verkaufen, wenn du sie aber noch liegen lassen willst, so kannst du einen höheren Preis erzielen.« Ich sagte: »Ich überlasse es deinem Gutdünken.« Darauf erwiderte er: »Nun, ich will dir noch weitere hundert Dinare geben, wenn du mir dein Holz verkaufen willst.« Ich schloss den Handel ab, worauf er das Holz in sein Magazin bringen ließ und mit mir in das Haus ging, das er mir angeboten hatte und er schickte mir 10100 Dinare und eine Kiste mit einem Schloss und sagte mir, ich soll das Geld verschließen und den Schlüssel bei mir tragen, da ich nichts davon auszugeben brauche, so lange ich bei ihm bleibe.

Nachdem einige Zeit vergangen war, näherte er sich mir eines Tages mit den Worten: »Ich will dir einen Vorschlag machen, willst du ihn annehmen?« – »Lass hören«, war meine Antwort. »Wisse«, fuhr er fort, »ich bin ein alter, reicher Mann, habe keinen Sohn, wohl aber eine junge Tochter mit einem schönen Gesicht und von hübschem Wuchs. Ich wünsche, dass du sie heiratest, bei mir bleibst und mein Sohn wirst. Ich übergebe dir mein ganzes Vermögen.«

Ich schwieg, denn so viel Güte beschämte mich. Er aber fuhr fort: »Tue, wie du willst, du kannst meine Tochter heiraten, aber auch so hier bleiben, ohne an etwas

Mangel zu leiden. Du kannst aber auch mit Waren in deine Heimat zurückkehren. Unser Land«, fügte er hinzu, »ist die Grenze des bewohnten Landes, hinter uns beginnt der vierte Weltteil, der unbewohnt ist.« Auf alles dies konnte ich bloß erwidern: »Tu Herr, mit deinem Knechte, wie du willst, du bist ja wie ein Vater zu mir. Ich bin hier fremd und habe auch infolge meiner vielen Leiden und Strapazen jede Einsicht verloren.«

Er ließ hierauf den Kadi und Zeugen rufen und verheiratete mich mit seiner Tochter, indem er ein großes Fest veranstaltete und mich zu ihr führte. Ich fand sie, wie er gesagt hatte, wunderschön, liebenswürdig und hübsch gewachsen. Sie hatte einen reichen Schmuck an Ketten, Juwelen und goldenen Ringen, die waren wohl tausende Dinare wert. Den Wert ihrer Kleider aber konnte niemand schätzen.

Ich lebte eine Zeitlang mit ihr; ihr Vater hatte mich zum Herrn aller seiner Güter gemacht, und ich war wie ein Eingeborener der Stadt und trieb großen Handel. Ich entdeckte, wie bei jedem Neumond den Leuten Flügel wuchsen und ihre ganze Gestalt sich veränderte und die Gestalt von Vögeln annahm; sie flogen gen Himmel, und nur die Kinder blieben zu Hause.

Als nun wieder einmal Neumond war und die Leute ihre Gestalt veränderten, hing ich mich an einen fest und sagte: »Bei Gott, du musst mich mitnehmen.« Er drehte sich herum und sagte mir: »Dies ist unmöglich.« Mit vieler Mühe brachte ich es endlich dahin, dass er mich auf den Rücken nahm, mit mir so hoch in die Luft flog, dass ich hören konnte, wie die Engel Gott preisen. Darauf rief ich: »Gelobt und gepriesen sei Gott!«

Aber kaum hatte ich diese Worte gesagt, da fiel ein so starkes Feuer vom Himmel auf sie, dass sie fast verbrannten. Sie entflohen sämtlich, und derjenige, der mich trug, warf mich auf den Gipfel eines hohen Berges. Sie waren alle ganz mutlos, schalten auf mich, gingen fort und ließen mich allein. Ich bereute, was ich mir selbst getan und sagte: es gibt keinen Schutz und keine Macht, außer bei Gott, dem Erhabenen! So oft mir Gott gnädig ist und mich aus einer schlimmen Lage befreit, stürze ich mich in eine andere. Ich machte mir Vorwürfe, etwas unternommen zu haben, das über meine Kräfte ging.

Ich ging an den Seiten des Berges herum, ohne zu wissen wohin. Da begegneten mir zwei Jünglinge, welche wie der Mond aussahen, jeder von ihnen hatte einen goldenen Stock in der Hand; ich ging auf sie zu, grüßte sie und sie grüßten mich.

Dann sagte ich ihnen: »Ich beschwöre euch bei Gott, wer seid ihr?« Sie antworteten: »Wir sind Einsiedler, die auf diesem Berge wohnen und Gott anbeten.« Sie gaben mir auch einen Stock, wie sie einen hatten, gingen ihres Weges und ließen mich allein. Da kam auf einmal eine große Schlange unter dem Berge hervor und trug im Rachen einen Mann, der nur noch mit dem Kopfe heraussah.

Der Mann schrie: »Wer mich von dieser Schlange befreit, den wird Gott vor jedem Unheil bewahren.« Ich schlug die Schlange mit dem goldenen Stock, den mir die Jünglinge gegeben hatten, und sie spie den Mann aus. Ich schlug sie dann noch einmal und sie entfloh. Da kam der Mann und sagte mir: »Weil du mich so tapfer gerettet hast, so will ich dein Gefährte werden und dir beistehen.«

Ich hieß ihn willkommen und ging eine Weile mit ihm auf dem Berg umher. Da nahte sich uns eine Menschenmenge, und siehe da, der Mann, der mich auf dem Rücken getragen hatte, war unter ihnen. Ich grüßte ihn und sagte: »Ist es die Art, wie Brüder miteinander verkehren?« Der Mann antwortete: »Freund, du hättest uns beinahe ins Verderben gestürzt, dadurch dass du den Namen Gottes erwähntest.« Ich bat ihn um Verzeihung und er ließ sich bewegen, mich auf seinen Rücken zu nehmen, jedoch musste ich versichern, den Namen Gottes nicht mehr auszusprechen.

Ich gab hierauf den goldenen Stock dem Mann, den ich von der Schlange befreit hatte, und nahm Abschied von ihm. Ich kam kurz darauf auf dem Rücken meines neuen Landsmanns zu Hause an. Meine Frau, der ich von meiner Reise nichts gesagt hatte, und jetzt erst erzählte, wie es mir ergangen war, wünschte mir Glück zu meiner Rettung und riet mir, nie mehr mit den Leuten dieser Stadt zu verkehren, da sie Ungläubige seien, die den Namen Gottes nicht kennen und ihn nicht anbeten.

Sie fuhr dann fort: »Da mein Vater tot ist und wir hier niemanden mehr haben, so wollen wir unsere Güter verkaufen und in deine Heimat ziehen.« Ich gab meine Einwilligung dazu und wartete, bis jemand aus der Stadt auch abreisen wollte, um mich ihm anzuschließen.

Eines Tages hörte ich, dass eine Anzahl Fremder, die sich in der Stadt aufhielten, abreisen wollten und dass sie ein großes Schiff gebaut hatten. Ich begab mich zu ihnen, kaufte einen Platz, schiffte mich mit meiner Frau und aller meiner beweglichen Habe ein, und ließ die liegenden Güter zurück. Wir reisten von Insel zu

Insel und von Meer zu Meer, bis wir glücklich in Basra anlangten. In Basra hielt ich mich nicht auf, sondern reiste schnell weiter nach Bagdad, der Friedensstadt. Gelobt sei Gott, der mich mit meinen Freunden wieder vereinigt hat, wozu auch du, Sindbad der Lastträger, gehörst.‹ Das ist der Schluss der Erzählung Sindbads.

Geschichte des dritten Bettelmönchs

Illustriert von Pipa

Der dritte Bettelmönch sprach: ›Gebieterin, meine Geschichte ist nicht wie die der anderen, sondern viel wunderbarer und befremdender. Sie enthält auch die Ursache meines ausgestochenen Auges und abgeschorenen Bartes. Denn während meine Freunde vom Schicksal und der Bestimmung überfallen wurden, habe ich mir selbst ein trauriges Geschick bereitet. Mein Vater war nämlich ein mächtiger, angesehener König und nach seinem Tod erbte ich sein Reich. Unsere Stadt war sehr groß, das Meer dehnte sich neben ihr aus und es waren ganz in der Nähe, mitten auf dem Meer, viele große Inseln. Mein Name war König Adschib, Sohn des Königs Chasib. Ich hatte für meinen Handel fünfzig Schiffe auf dem Meer, fünfzig kleinere Schiffe zur Belustigung und dabei noch fünfzig Kriegsschiffe. Als ich einmal eine Spazierfahrt zu den Inseln machen wollte, nahm ich für einen Monat Lebensmittel mit, begab mich auf die Reise, belustigte mich einen Monat lang und kehrte dann wieder in mein Land zurück. Hierauf bekam ich Lust zu einer zweiten Reise, und diesmal nahm ich Proviant für zwei Monate mit, und so gewöhnte ich mich an Seereisen, bis ich einst mit zehn Schiffen auslief und vierzig Tage lang immerfort segelte; da kamen aber in der einundvierzigsten Nacht heftige Gegenwinde. Das Meer trieb uns mächtige Wogen entgegen, und schon verzweifelten wir und bangten um unser Leben, denn es war ganz finster um uns. Da dachte ich: wer sich in Gefahr begibt, verdient kein Lob, auch wenn er glücklich davonkommt. Wir flehten und beteten zu Gott. Der Wind blies bald von dieser, bald von jener Seite und die Wellen schlugen immerfort gegen unser Schiff bis der Morgen heranbrach, da legte sich endlich der Wind und das Meer ward wieder klar. Nach einer Weile schien die Sonne und das Meer lag ruhig wie das Blatt eines Buches vor uns. Wir näherten uns dann einer Insel und gingen ans Land; kochten,

aßen, tranken und verweilten zwei Tage dort, dann reisten wir wieder zehn Tage lang; das Meer dehnte sich jeden Tag weiter vor uns aus und wir entfernten uns immer mehr vom Lande, so dass der Kapitän des Schiffes zuletzt die Küste gar nicht mehr kannte. Er sprach nunmehr zu dem Späher: »Steige in den Mastkorb und sieh dich einmal um!« Der Matrose stieg hinauf, blieb eine Weile oben und sah sich um, kam dann wieder herunter und sagte: »Oh Hauptmann, ich habe zu meiner Rechten nichts als den Himmel über dem Wasser gesehen, und zu meiner Linken sah ich vor mir etwas Schwarzes glänzen, sonst aber nichts.« Als der Kapitän dies hörte, warf er seinen Turban vom Kopf, raufte sich den Bart, schlug sich ins Gesicht und sagte weinend: »Oh König, wir sind alle verloren, es gibt keinen Schutz und keine Macht, außer beim Erhabenen Gott.« Er weinte dann lange und wir weinten mit ihm. Hierauf sagten wir: »Oh Hauptmann, erkläre uns doch die Sache ein wenig!« Da sprach er: »Mein König, von dem Tag an, wo der Sturm so heftig war, sind wir vom rechten Weg abgeirrt und nun können wir nicht mehr umkehren; morgen gegen Mittag werden wir an einen schwarzen Berg kommen, der aus einem Mineral besteht, das Magnet heißt. Das Wasser wird uns mit Gewalt zu diesem Berg ziehen, das Schiff wird zerschellen und jeder Nagel wird sich an den Berg hängen, denn der Erhabene Gott hat dem Magnetstein die Kraft verliehen, das Eisen anzuziehen. Am Berg hängt schon viel Eisen, denn mit der Zeit ist der größte Teil desselben durch die vielen Schiffe, die hierher kamen, damit bedeckt worden. Auf dem Gipfel des Berges ist eine Kuppel aus andalusischem Messing, die von zehn Messingsäulen getragen wird; auf der Kuppel ist ein Pferd mit einem Reiter aus Messing. Auf der Brust des Reiters ist eine bleierne Tafel, auf der viele Schwüre geschrieben stehen.« Der Hauptmann setzte dann noch hinzu: »Dieser Reiter ist es, der alles tötet. Sobald dieser fällt, werden die Menschen Ruhe haben.« Er weinte dann wieder heftig und wir sahen unseren Untergang mit Gewissheit vor uns und bangten um unser Leben. Einer nahm vom anderen Abschied, jeder von uns übergab dem anderen sein Testament für den Fall, dass einer gerettet würde. Wir schliefen die ganze Nacht nicht. Gegen Morgen waren wir dem Magnetberg sehr nahe und gegen Mittag schon am Fuße des selbigen Da zog uns das Wasser mit Gewalt hin, und sogleich zerschellten die Schiffe, die Nägel fuhren heraus und flogen zu dem Berg hin und blieben dort hängen. Manche von uns ertranken, andere kamen davon. Doch unter diesen Letzteren wusste einer vom anderen nichts. So, ihr Frauen, hat auch mich Gott zu meiner Qual und meinem Elend gerettet! Ich bestieg nämlich eine Planke des Schiffs, der Wind trieb es an den Berg und ich fand einen Pfad, der, wie eine Treppe mit ausgehauenen Stufen, auf die Höhe des Berges führte.

Als ich diesen Pfad erblickte, nannte ich den Namen Gottes und stieg langsam den Berg hinan. Der Erhabene Gott half mir ihn ersteigen und ich kam glücklich auf den Gipfel. Ich freute mich sehr über meine Rettung und trat in die Kuppel, wusch mich hier, betete und dankte Gott, der Gefahr entronnen zu sein. Als ich unter der Kuppel einschlief, hörte ich eine Stimme zu mir sagen: »Oh Adschib, wenn du von deinem Schlaf erwachst, grabe unter deinen Füßen, dort wirst du einen kupfernen Bogen und drei bleierne Pfeile finden, auf denen mancherlei Talismane gemalt sind. Nimm den Bogen und die Pfeile, stürze damit den Reiter von seinem Pferd ins Meer. Wenn dann das Pferd neben dir hinfällt, so begrabe es an dem Ort, wo der Bogen gelegen. Auf solche Weise wirst du die Welt von diesem großen Unheil befreien. Wenn du dies getan hast, so wird das Meer so hoch steigen, bis es die Kuppel erreicht. Ist das Wasser bis zum Berg hinauf gestiegen, so wird ein Boot auf dich zukommen, in welchem ein kupferner Mann sitzen wird, aber nicht der, den du vom Pferd geworfen hast. Er hat zwei Ruder in den Händen. Besteige sein Boot, nenne aber den Namen Gottes nicht. Er wird ungefähr zehn Tage lang mit dir fortrudern, bis er dich in das Land des Friedens bringen wird. Dort findest du jemanden, der dich in deine Heimat zurückbringen kann. Dies alles wird so enden, wenn du den Namen Gottes nicht nennst.« Als ich erwachte, stand ich freudig auf und tat, was mir die Stimme gesagt; ich warf den Reiter vom Pferd und er fiel ins Meer, aber das Pferd stürzte neben mir hin. Hierauf begrub ich es an der Stelle, wo der Bogen gelegen hatte. Das Meer ward nun emporgehoben und stieg bis zu mir herauf. Nach kurzer Zeit bemerkte ich das Boot im Meere, mit dem kupfernen Mann am Ruder, das auf mich lossteuerte. Als ich es sah, dankte und lobte ich still Gott, denn er ruderte immer fort, bis er bei mir war. Der kupferne Mann darin hatte eine Tafel aus Blei auf der Brust, auf der mannigfaltige Verse und Talismane geschrieben waren. Ich bestieg sein Boot, ohne ein Wort zu sprechen, und der Mann ruderte bis zum neunten Tage mit mir fort. Da freute ich mich sehr, denn schon sah ich Inseln und Berge, die mir als ein Zeichen der Rettung galten. Meine Freude hierüber war so groß, dass ich den Erhabenen Gott lobte und groß nannte. Kaum aber hatte ich dies getan, so kenterte das Boot mit mir und sank. Ich musste den ganzen Tag bis zum Abend schwimmen. Als aber die Nacht herankam, meine Arme schon ermüdet, meine Schultern kraftlos waren und ich immer noch nicht wusste, wo ich war, und mich schon darauf gefasst machte, zu ertrinken, erhob sich plötzlich ein heftiger Sturm. Das Meer fing an zu toben, es kam eine Welle, so hoch wie ein Berg, auf mich zu und spülte mich an Land, weil Gott mich auf diese Weise retten wollte. Als ich nun im Trockenen war, presste ich meine Kleider aus, breitete sie auf den Boden hin und brachte hier eine lange Nacht zu. Des Morgens kleidete ich mich wieder an, um zu sehen, in welchem Land ich mich befand. Ich sah mich in einer fruchtbaren, mit Bäumen bepflanzten Gegend, und als ich darin umherging, bemerkte ich, dass ich auf einer kleinen Insel mitten im Meer war. Ich sagte mir: es gibt keinen Schutz und keine Macht, außer bei dem Erhabenen Gott. Während ich nun so über meine Lage nachdachte und schon den Tod herbeiwünschte, gewahrte ich in der Ferne ein Schiff mit Menschen darauf, das auf die Insel zukam. Ich stieg auf einen Baum, verbarg mich im Laub und sah, als das Schiff anlandete, zehn Sklaven heraussteigen mit Schaufeln und Körben. Als sie

mitten auf der Insel waren, gruben sie die Erde auf, bis sie auf eine Platte stießen. Sie kehrten dann zum Schiffe zurück, brachten Brot und andere Lebensmittel, Mehl, einen Wasserschlauch, Öl, Honig, mehrere Schafe, Früchte, auch allerlei Hausgerätschaften, Schüsseln, Betten, Teppiche, Matten und was man sonst in einer Wohnung braucht, wie Spiegel und ähnliche Dinge. Die Sklaven gingen stets hin und her, vom Schiff in die Höhle, bis sie alles herbeigebracht hatten. Zuletzt kamen sie wieder mit einem ganz alten Mann, den das Schicksal so hart mitgenommen hatte, dass nicht mehr viel von ihm übrig geblieben war. Er glich einem leblosen Ding, in einen blauen Lumpen gehüllt, den der Wind hin und her bläst, wie ein Dichter sagte:

»Ich zittere heftig von dem Schicksale, denn es ist mächtig und furchtbar; früher konnte ich gehen, ohne zu ermüden, jetzt bin ich müde, auch wenn ich mich gar nicht bewege.«

Der alte Mann führte einen hübschen Jüngling an der Hand, der von außerordentlich schöner Gestalt war: er glich einem grünen Zweige, bezauberte jedes Herz durch seine Anmut und war ebenso gebildet als schön, so dass er alle Leute an Reizen und Tugenden übertraf, wie ein Dichter sagte:

»Er kam, sich mit der Schönheit selbst zu messen, und sie beugte beschämt ihr Haupt. Man fragte dann: oh Schönheit! Hast du je so etwas gesehen? Und sie antwortete: nein, so etwas niemals.«

Es gingen nun alle zusammen in die Höhle und blieben mehr als zwei Stunden darin; dann kam der Alte mit den Sklaven wieder herauf, der Jüngling aber war nicht mit ihnen; sie schaufelten die Erde wieder eben, wie sie gewesen war, gingen aufs Schiff, und ich sah sie nicht mehr. Als sie weg waren, stieg ich vom Baum, ging auf die Höhle zu und grub mit großer Geduld die Erde weg, bis ich an die Platte kam. Als ich diese wegschob, fand ich eine Treppe, und als ich diese hinuntergestiegen war, kam ich in ein reinliches Zimmer mit verschiedenen Betten, Teppichen und Seidenstoffen bedeckt. Ich sah den Jüngling auf einem hohen Polster sitzen mit einem Fächer in der Hand. Um ihn herum lagen Früchte, Gemüse und wohlriechende Kräuter. Da er allein in diesem Zimmer war, ward er ganz blass, als er mich erblickte. Ich grüßte ihn und sprach: »Erschrick nicht, mein Herr, es geschieht dir nichts, ich bin ein Mensch wie du, auch Sohn eines Königs, wie du. Das Schicksal hat mich hierher getrieben, um dir in deiner Einsamkeit

Gesellschaft zu leisten. Nun erzähle mir, warum du hier so allein unter der Erde wohnst.«‹

Und der der Bettelmönch fuhr fort zu erzählen: ›Als ich den Jüngling nach seiner Geschichte fragte, und nachdem er sich überzeugt, dass ich seinesgleichen war, freute er sich. Sein Gesicht färbte sich wieder; er hieß mich näher treten und sagte: »Oh, mein Bruder, meine Geschichte ist wunderbar. Wisse, mein Vater ist Juwelenhändler und besitzt viele Güter und Sklaven. Auch hat er Kaufleute, die für ihn mit Schiffen umherreisen. Er macht Geschäfte mit Königen, er ward aber nie mit einem Sohne beschenkt. Einmal aber träumte er, dass er einen Sohn bekommen werde, der aber nicht lange leben könne. Mein Vater stand sehr traurig auf, und in derselben Nacht ward meine Mutter mit mir schwanger und als ihre Zeit zu Ende war, gebar sie mich zur großen Freude meines Vaters. Als die Sterndeuter meine Geburt aufzeichneten, sagten sie meinem Vater: »Dein Sohn wird fünfzehn Jahre leben, dann wird er in Gefahr kommen, und wenn er ihr entgeht, so ist er eines langen Lebens sicher.« Als Beweis fügten sie noch hinzu, es sei im Ozean ein Berg, den man den Magnetberg nenne. Auf dem sei ein kupfernes Pferd und ein

kupferner Reiter, mit einer bleiernen Tafel am Hals. Sein Sohn werde fünfzig Tage nachdem der Reiter vom Pferd gefallen ist sterben. Derjenige, der den Reiter vom Pferd geworfen hat und Adschib, Sohn des Königs Chasib, heißt, wird ihn töten. Mein Vater ward hierüber sehr betrübt; er gab mir aber dennoch die sorgfältigste Erziehung, bis ich fünfzehn Jahre alt war. Vor zehn Tagen erhielt mein Vater Nachricht, dass der kupferne Reiter von Adschib, Sohn des Königs Chasib, gestürzt worden sei. Als er dies hörte, weinte er heftig, aus Furcht, mich zu verlieren und wurde wie ein Rasender. Er ließ mir dieses Haus unter der Erde bauen, nahm dann ein Schiff und brachte hinein, was ich für viele Tage brauche. Nun sind von den fünfzig Tagen schon zehn vorüber, es bleiben mir noch vierzig gefährliche Tage, dann wird mein Vater mich wieder holen, denn alles geschah nur aus Furcht vor dem König Adschib, Sohn des Königs Chasib, damit er mich nicht umbringe. Dies ist die Geschichte meiner Absonderung und Einsamkeit.«‹

›Als ich, oh meine Gebieterin, diese Geschichte hörte, dachte ich bei mir: ich habe den Reiter gestürzt und ich heiße Adschib, Sohn des Königs Chasib. Aber bei Gott, ich werde diesen Jungen hier niemals umbringen. Ich sagte ihm dann: »Mein Herr, du wirst nicht sterben und vor jedem Übel bewahrt sein, es wird alles zum Besten enden, fürchte nur nichts und mache dir keine Sorgen; ich werde diese vierzig Tage bei dir bleiben, dich bedienen und unterhalten, dann mit dir in dein Land gehen, von welchem du mich in das meinige führen lassen wirst, und du wirst dir dadurch Gottes Lohn verdienen.« Der Jüngling freute sich über meine Rede. Ich setzte mich zu ihm und unterhielt mich mit ihm; dann zündete ich eine Wachskerze an und machte drei Laternen zurecht, reichte ihm eine Schachtel mit Süßigkeiten, und so aßen und unterhielten wir uns den größten Teil der Nacht; dann schlief er ein, ich deckte ihn zu und legte mich hierauf auch schlafen. Des Morgens wärmte ich ihm ein wenig Wasser; weckte ihn leise, und als er erwachte, brachte ich ihm das warme Wasser; er wusch sein Gesicht, dankte mir und sprach: »Bei Gott, wenn ich Adschib, dem Sohn des Königs Chasib, glücklich entkomme und Gott mich aus seiner Hand befreit, so wird mein Vater dich mit allen möglichen Wohltaten belohnen.« – »Oh, möge Gott ein Unglück, das dir begegnen sollte, mir einen Tag früher zuschicken!«, sagte ich. Ich holte dann etwas zu essen, und wir aßen miteinander, dann räucherte ich das Zimmer und reinigte es, wie spielten und scherzten und belustigten uns und aßen und tranken, bis es Nacht

ward; da stand ich endlich auf, zündete die Wachskerzen an, reichte ihm süße Speisen und so aßen und unterhielten wir uns wieder, bis wir zu Bett gingen. So lebten wir Tag und Nacht; ich gewöhnte mich so sehr an ihn, dass ich meinen Kummer und alles, was mir begegnet war, vergaß: die Liebe zu ihm bemächtigte sich meines ganzen Herzens. Ich dachte, gewiss haben die Sterndeuter gelogen, als sie seinem Vater sagten: dein Sohn wird durch Adschib, Sohn des Königs Chasib, umkommen. Denn bei Gott, ich sehe nicht ein, wie ich diesen Jüngling töten sollte, den ich schon seit neununddreißig Tagen bediene und so gut unterhalte. Als der vierzigste Tag herbeikam, freute sich der Jüngling über seine Rettung und sprach: »Oh, mein Bruder, nun sind vierzig Tage vorüber, gelobt sei Gott, der mich vom Tod befreit, dies verdanke ich deiner gesegneten Ankunft bei mir. Aber bei Gott, mein Vater soll dir die Wohltaten verdoppeln, die du mir bezeigt und dich reich und unversehrt in dein Land zurückbringen lassen. Nun aber bitte ich dich noch, mir Wasser zu wärmen, damit ich mich wasche und meine Kleider wechsle.« Ich antwortete ihm: »Recht gern!«, machte Wasser warm, ging dann mit dem Jüngling in sein Gemach, wusch ihn sauber, zog ihm andere Kleider an, machte ihm ein

hohes Lager zurecht und breitete einen Himmel darüber. Der Jüngling kam und legte sich aufs Bett, denn das Bad hatte ihn schläfrig gemacht. Er sprach: »Mein Bruder, zerschneide doch eine Wassermelone und streue ein wenig Zucker darauf.« Ich holte eine schöne, große Melone herbei, legte sie auf eine Schüssel und sagte: »Mein Herr, wo ist das Messer?« Er antwortete mir: »Es ist vielleicht auf dem Gesims über meinem Kopf.« Ich machte schnell einen Schritt über ihn und nahm das Messer aus der Scheide, aber als ich wieder zurückschreiten wollte, glitt mein Fuß aus und ich fiel auf den Jüngling mit dem Messer in der Hand, das gerade ihm ins Herz fuhr, so dass er augenblicklich den Geist aufgab. Als ich sah, dass er tot war und ich selbst ihn getötet hatte, fing ich an, heftig zu schreien, schlug mir ins Gesicht, zerriss meine Kleider und sagte: »Oh, ihr Geschöpfe Gottes, es blieb von den vierzig Tagen nur noch dieser einzige übrig, und ich musste ihn noch mit eigener Hand töten! Gott verzeihe mir! Oh wäre ich doch vor ihm gestorben! Nichts, als Unglück und Jammer! Mag Gott, was geschehen soll, vollziehen!«
Als ich mich von seinem Tod überzeugt hatte, fuhr der Bettelmönch fort, und wohl sah, dass es längst so aufgeschrieben und bestimmt war, ging ich die Treppe hinauf, legte die Platte an ihren Ort und bedeckte sie wieder mit Erde. Ich wandte dann meine Augen zum Meer und sah das Schiff zurück zur Insel kommen; ich dachte, nun werden sie hier wieder ans Land steigen, und wenn sie den Jüngling ermordet finden und mich bemerken, werden sie mich, als seinen Mörder, gewiss auch umbringen; daher suchte ich wieder einen Baum aus und verbarg mich in seinem Laub. Kaum war ich oben, so landete schon das Schiff, die Sklaven mit dem Alten, dem Vater des Jünglings, stiegen heraus, gingen zur Höhle, gruben die Erde weg und waren erstaunt, als sie sie so locker fanden. Sie stiegen dann hinunter und fanden den Jüngling schlafend. Sein Angesicht glänzte noch vom Bad, er hatte hübsche Kleider an, im Herzen aber steckte das Messer und er war tot. Sie schrien alle, schlugen sich ins Gesicht, weinten, jammerten, wehklagten und stießen die grässlichsten Reden aus. Der Vater lag lange in Ohnmacht, so dass die Sklaven glaubten, er sei auch gestorben. Endlich kam er wieder zu sich, ging mit den Sklaven hinauf. Den Jüngling, in seinen Kleidern eingewickelt, nebst allem, was sonst noch in der Höhle war, nahmen sie mit aufs Schiff. Als der Alte hier seinen Sohn auf dem Boden ausgestreckt sah, streute er Erde auf sein Haupt und fiel nochmals in Ohnmacht. Da nahm ein Sklave ein seidenes Kissen, legte den Alten darauf hin und setzte sich

ihm zu Häupten. Dies geschah unter dem Baum, auf welchem ich verborgen war, ich sah daher alles, was sie taten. Mein Herz ward vor meinen Haaren grau, wegen meines großen Kummers und Unglücks. Der Alte aber, oh Gebieterin, konnte bis Sonnenuntergang nicht aus seiner Ohnmacht erwachen.

Ich lebte nun einen Monat lang, fuhr der Bettelmönch fort, auf dieser Insel. Streifte bei Tag umher und ging abends in das Gemach. Als ich mich einst so auf der Insel umsah, bemerkte ich, wie gegen Sonnenuntergang das Wasser immer austrocknete und abnahm, und es dauerte kaum einen Monat, da war das Wasser ganz ausgetrocknet; ich freute mich sehr, als ich mich gerettet sah, ich schaffte dann dem Wasser, das noch übrig blieb, einen Ablauf und ging aufs feste Land. Hier sah ich nichts als Sand, so weit mein Auge reichte. Ich fasste aber Mut, durchwanderte den Sand und bemerkte endlich in der Ferne ein großes, brennendes Feuer. Ich ging darauf zu, denn ich dachte, gewiss hat doch jemand dieses Feuer angezündet, vielleicht finde ich hier einigen Trost. Dabei sprach ich folgende Verse:

»Vielleicht wird das Schicksal nun seine Zügel anders lenken und mir Gutes bringen, denn die Zeit ist veränderlich; vielleicht wird es meine Hoffnungen begünstigen und meine Wünsche erfüllen. Es werden gewiss nach diesen Umständen andere eintreten.«

Als ich aber dem vermeinten Feuer nahe kam, sah ich, dass es ein mit rotem Kupfer beschlagenes Schloss war, das durch den Glanz der Sonne von der Ferne wie Feuer aussah. Ich war sehr froh darüber und setzte mich. Kaum hatte ich aber Platz genommen, so traten mir zehn reinlich gekleidete Jünglinge entgegen, zusammen mit einem sehr alten Mann. Allen Jünglingen war ihr rechtes Auge ausgestochen, und ich wunderte mich, so viele Einäugige beisammen zu sehen. Als sie mich erblickten, grüßten sie mich freudig und fragten mich nach meiner Geschichte. Ich erzählte ihnen alle Abenteuer und Unglücksfälle, die mir widerfahren, und sie waren sehr erstaunt darüber. Sie führten mich dann ins Schloss. Dort fand ich zehn Diwane und auf jedem ein blaues Polster mit einer blauen Decke; zwischen diesen größeren Diwanen war noch ein ganz kleiner, an dem ebenfalls alles blau war. Als wir in diesen Saal traten, setzte sich jeder Jüngling auf einen solchen Diwan und der Alte ließ sich auf das kleinere, das in der Mitte stand, nieder. Sie sprachen zu mir: »Junger Mann, setze dich auf den Boden und frage nicht nach unserem halbgeblendeten Gesicht.« Der Alte stand dann auf,

reichte jedem einzeln sein Essen, sowohl ihnen als mir, und wir aßen davon, dann reichte er auch mir und ihnen Wein, ebenfalls jedem einzeln, und wir tranken. Sie fingen dann an, sich zu unterhalten und mich über mein Schicksal auszufragen, und über alle wunderbaren Dinge, die mir begegnet waren. Ich erzählte ihnen vieles davon, bis der größte Teil der Nacht verstrichen war; dann sagten die Jünglinge zu dem Greis: »Oh Alter, es ist nun Zeit, dass du uns bringst, was unsere Pflicht erfordert, denn es ist schon die Stunde zum Schlafen.« Der Alte ging in ein Nebenzimmer und brachte zehn Schüsseln heraus, jede mit einer blauen Decke zugedeckt; er reichte jedem Jüngling eine; dann zündete er zehn Wachskerzen an und steckte eine auf jede Schüssel; hierauf nahm er den Deckel weg, und siehe da, in der Schüssel war Asche, Kohlenstaub und Pfannenruß. Sie beschmierten sich die Gesichter damit, zerrissen ihre Kleider, schlugen sich ins Gesicht und auf die Brust und sagten weinend: »Es war uns so wohl, da ließ uns der Übermut keine Ruhe.« So fuhren sie bis gegen Morgen fort. Dann machte ihnen der Alte warmes Wasser; die Jünglinge wuschen sich und zogen andere Kleider an.
Als ich sah, oh Gebieterin, wie sie ihr Gesicht besudelten, verlor ich beinahe meine

Fassung. Mein Innerstes ward aufgeregt, ich vergaß alles, was mir begegnet war, und konnte nicht länger schweigen. Ich fragte sie daher, was dies bedeute, nachdem wir uns angenehm miteinander unterhalten hatten. Ich sagte zu ihnen: »Ihr seid doch, Dank sei Gott, ganz verständige Leute, aber nur Wahnsinnige tun, was ihr eben getan. Ich bitte daher bei allem, was euch teuer ist, sagt mir, was mit euch geschehen ist. Warum eure Augen ausgestochen wurden und ihr euer Gesicht so mit Asche und Ruß schwärzt.« Sie antworteten: »Junger Mann, lass dich nicht von deiner Jugend verleiten und höre auf, uns auszufragen.« Sie erhoben sich dann und brachten etwas zu essen. Wir aßen zwar, aber in meinem Herzen brannte ein unlöschbares Feuer, so sehr war mein Innerstes mit ihrem Benehmen beschäftigt. Nun unterhielten wir uns wieder bis abends, worauf der Alte Wein brachte, den wir bis Mitternacht tranken; dann sagten die Jünglinge zu dem Alten: »Bring uns das, was wir zur Erfüllung unserer Pflicht brauchen!« Er ging nun, und kam nach einer Weile wieder mit den gewöhnlichen Schüsseln. Sie taten dasselbe wie in der vorigen Nacht; nicht anders, weder mehr noch weniger. Kurz, meine Gebieterin, ich blieb einen Monat bei ihnen. Sie taten jede Nacht dasselbe und des Morgens wuschen sie sich wieder. Ich erstaunte stets von neuem, und war zuletzt so mißmutig und ungeduldig, dass ich nicht mehr essen und trinken mochte. Ich sagte ihnen dann: »Oh ihr Jünglinge! wollt ihr meinen Kummer nicht verscheuchen und mir nicht sagen, warum ihr euer Gesicht so beschmiert und dabei sagt: wir waren so glücklich, da ließ uns der Übermut keine Ruhe! So lasst mich von euch wegziehen und zu meiner Familie zurückkehren, damit ich einmal vor diesem so außerordentlichen Anblick Ruhe bekomme. Das Sprichwort sagt: Was das Auge nicht sieht, betrübt das Herz nicht; drum ist's besser, ich entferne mich von euch.«
Als sie dies hörten, sprachen sie: »Oh Jüngling, nur aus Mitleid mit dir haben wir dir bisher dies verborgen, denn es möchte dir auch gehen, wie uns.« Als ich aber darauf bestand, alles zu wissen, sagten sie noch einmal: »Folge unserem Rate, frage nicht mehr nach unserm Zustande, sonst wirst du einäugig werden wie wir.« Da ich aber nicht nachgab, sagten sie: »Wenn es dir so geht, wie wir voraussehen, so werden wir dich nicht mehr beherbergen, du darfst dann nicht mehr bei uns wohnen.« Sie gingen hierauf, schlachteten ein Lamm, zogen ihm die Haut ab und sagten mir: »Nimm dieses Messer und lege dich in diese Haut; wir werden dich darein nähen, dann weggehen und dich liegen lassen. Es wird ein Vogel kommen,

der Roch heißt, der nimmt dich zwischen seine Füße und wird mit dir gen Himmel fliegen. Nach einer Weile wirst du fühlen, dass er dich auf einen Berg niederlegt hat, du schlitzt dann die Haut mit diesem Messer und schlüpfst heraus. Der Vogel wird davon fliegen, sobald er dich sieht. Mache dich dann gleich auf und gehe einen halben Tag lang, bis du ein hohes Schloss finden wirst, das in der Luft steht. Es ist mit rotem Gold beschlagen und mit Smaragd und vielen Edelsteinen verziert; es ist nur aus Sandelholz und Aloe gebaut. Geh in dies Schloss hinein, und du hast, was du begehrst. Denn unser Eintritt in dieses Schloss ist die Ursache des Beschmierens unseres Angesichts und des Ausstechens unserer Augen. Wollten wir dir das Nähere erzählen, so würde unsere Geschichte zu lange dauern, denn jedem von uns ist sein Auge auf eine andere Weise ausgestochen worden.«

Die Jünglinge nähten also die Lammhaut um mich‹, fuhr der Bettelmönch fort, ›und gingen ins Schloss. Nach einer Weile kam der Vogel, nahm mich mit den Krallen, flog mit mir davon und legte mich auf dem Berg nieder. Ich zerschlitzte die Haut und schlüpfte heraus; als der Vogel dies sah, flog er davon und ich begab mich sogleich zu dem Schloss, das ich so fand, wie es mir beschrieben worden war. Da ich die Türe offen sah, trat ich hinein und fand es schön und geräumig wie eine Arena. Rings herum waren hundert Schatzkammern mit Türen von Sandelholz und Aloe, mit rotgoldenen Platten belegt und mit silbernen Ringen. Mitten im Schloss sah ich vierzig Mädchen, anziehend wie der Mond; man konnte sie nicht genug ansehen. Sie hatten die kostbarsten Kleider und den reichsten Schmuck an. Als sie mich sahen, sagten alle auf einmal: »Willkommen! Wir freuen uns, dich zu sehen, unseren Herrn. Wir erwarten schon seit Monaten einen Jüngling wie dich. Gelobt sei Gott, der uns jemanden brachte, der unsrer eben so würdig ist, als wir seiner.« Hierauf liefen sie mir entgegen, ließen mich auf ein hohes Polster sitzen und sprachen: »Du bist nun unser Herr und Richter, wir sind deine ergebenen Sklavinnen, du kannst befehlen, was du willst.« Ich war sehr erstaunt über diese Anrede. Im Augenblick reichten mir einige von ihnen zu essen, andere wärmten Wasser und wuschen mir Hände und Füße, andere brachten mir frische Kleider, wieder andere schenkten mir Wein ein. Man sah ihnen an, wie sehr sie sich über meine Ankunft freuten. Dann setzen sie sich und erkundigten sich nach meinem Zustand, bis die Nacht heranbrach.

Als es Nacht war, oh Gebieterin‹, fuhr der Bettelmönch fort, ›versammelten sich die vierzig Mädchen wieder um mich her; fünf von ihnen legten eine Matte auf den Boden und rings umher frische und trockene Früchte und wohlriechende Kräuter. Auch ein Krug Wein ward bereit gestellt. Wir setzten uns, tranken und die Mädchen versammelten sich um mich. Einige sangen, andere spielten Zither und Laute und auch andere Instrumente. Die Becher und die Schalen gingen im Kreise herum, und ich war so vergnügt, dass ich allen Kummer der Welt und meine ausgestandenen Leiden vergaß. Ich dachte: Das ist das wahre Leben, wäre es nur nicht so vergänglich! Wir blieben so beisammen, bis der größte Teil der Nacht vorüber war und wir alle betrunken wurden. Nun begann ein fröhlicher Ball, die Mädchen tanzten miteinander, je zwei und zwei, mit unübertrefflicher Grazie. Als auch diese Lust zu Ende war, da sprachen sie: »Unser Herr, wähle dir eine unter uns, welche die Nacht mit dir zubringe; danach darf sie aber vierzig Nächte lang nicht mehr bei dir sein.« Ich wählte eine mit hübschem Gesicht, die Augen wie Kohle, schwarze Haare, Zähne wie Eis und dichte Augenbrauen, wie der Zweig von Basilikum. Sie ergötzte das Auge und entzückte das Herz. So wie ein Dichter sagte:

»Sie ist schmiegsam, wie die Zweige der Weide die von dem milden Ostwind bewegt werden; wie reizend und anziehend ist sie, wenn sie geht! Bei ihrem Lächeln glänzen ihre Zähne, so dass wir sie für einen Blitzstrahl halten können, der neben Sternen leuchtet. Von ihren kohlenschwarzen Haaren hängen Locken herunter, die den hellen Mittag in die Wolken der Nacht hüllen; zeigt sie aber ihr Angesicht in der Finsternis, so beleuchtet sie alles von Osten bis Westen. Aus Irrtum vergleicht man ihren Wuchs mit dem schönsten Zweig und mit Unrecht ihre Reize mit denen einer Gazelle. Wo sollte eine Gazelle ihren schönen Ausdruck hernehmen? ihre liebenswürdige Gesellschaft ist einzig. Ihre weiten Augen, die in der Liebe so gefährlich sind, fesseln plötzlich den von ihr Verwundeten; ich fühlte eine heidnische Liebe zu ihr; kann man aber über einen kranken Liebenden sich wundern, der seinen Glauben vergißt?«

Ich legte mich dann nieder und nie habe ich eine schönere Nacht gehabt. Als ich des Morgens aufstand‹, so erzählte der Bettelmönch weiter, ›führten mich die Mädchen in ein Bad, das im Schloss war; und als ich gewaschen war, kleideten sie mich in kostbare Kleider, dann brachten sie zu essen. Wir aßen und tranken auch den Wein, den sie holten; die Becher kreisten bis zur Nacht, hierauf sagten sie: »Wähle eine von uns, die diese Nacht bei dir bleiben soll, wir stehen dir alle zu Diensten.« Ich wählte hierauf ein sanftes Wesen mit zarten Hüften, wie ein Dichter sagte:

»Ich erblickte an ihrem Busen zwei fest geschlossene Knospen, die der Liebende nicht umfassen darf; sie bewacht sie mit den Pfeilen ihrer Blicke, die sie dem entgegenschleudert, der Gewalt gebraucht.«

Ich brachte abermals eine herrliche Nacht zu; des Morgens ging ich wieder ins Bad und zog frische Kleider an. Kurz, meine Gebieterin, ich verlebte die schönste Zeit bei ihnen, wählte jede Nacht eine andere von den vierzig Mädchen, und so verging mit Essen, Trinken und Belustigungen ein ganzes Jahr. Aber am Anfang des folgenden Jahres fingen die Mädchen an zu wehklagen, sich an mich zu hängen und weinend Abschied zu nehmen. Ich fragte ganz erstaunt, was denn vorgefallen sei, dass sie mir so das Herz betrübten. Sie antworteten: »Oh hätten wir dich nie gekannt! Wir haben schon viele kennen gelernt, doch noch niemand, der so angenehm gewesen, als du; noch nie sahen wir einen so feinen Mann.« Dann weinten sie wieder und ich fragte sie noch einmal: »Warum weint ihr? Mein Herz zerspringt um euretwillen.« Jetzt antworteten sie alle auf einmal. »Du allein kannst Ursache unsrer Trennung werden. Gehorchst du uns, so werden wir uns nie trennen, bist du aber ungehorsam, so müssen wir von einander scheiden. Unser Herz sagt uns aber, dass du uns nicht gehorchen wirst, und darum weinen wir.« Ich bat sie, mir zu sagen, um was es sich eigentlich handle, und sie sprachen: »Wisse, oh Herr und Gebieter, wir alle sind Königstöchter und leben hier schon viele Jahre beisammen. Jedes Jahr müssen wir vierzig Tage von hier abwesend sein, dann kehren wir wieder und verbringen das Jahr hier mit Essen, Trinken und Belustigung Was nun deinen Ungehorsam gegen uns betrifft, so hat es damit folgende Bewandtnis. Wir werden dir während unserer vierzigtägigen Abwesenheit alle Schlüssel des Schlosses überlassen. Du findest darin hundert Schatzkammern. Öffne sie, zerstreue dich damit, esse und trinke. Jede Türe, die du öffnest, wird dir auf einen Tag Unterhaltung gewähren; nur eine einzige Schatzkammer darfst du nicht öffnen, sonst sind wir auf immer geschieden. Hier allein könntest du uns ungehorsam werden. Doch hast du über neunundneunzig Schatzkammern zu gebieten. Du kannst alle öffnen und dich darin ergehen, öffnest du aber diese hundertste Schatzkammer, die mit der Türe aus rotem Gold, so müssen wir getrennt

bleiben.« Die Mädchen ermahnten und warnten mich lange, beschwörten mich bei Gott und ihrem Leben, doch ja nicht unsere Trennung zu verursachen. Sie baten mich, die vierzig Tage hindurch Geduld zu haben, bis sie wiederkehren würden. Hierauf gaben sie mir die Schlüssel und wiederholten noch einmal: »Hüte dich wohl, die eine Schatzkammer zu öffnen!« Es umarmte mich dann eines der Mädchen und sprach folgende Verse:

»Als sie zur Trennung sich nahte, war ihr Herz zwischen Liebe und Verzweiflung geteilt; sie weinte frische Perlen und aus meinem Auge flossen blutige Tränen wie Karneol, sie bildeten zusammen eine Schnur auf ihrem Halse.«

Ich nahm Abschied von ihr und sagte: »Bei Gott! Ich werde jene Türe niemals öffnen!« Sie gingen dann fort und machten noch warnende Zeichen mit der Hand. Ich blieb allein im Schloss und beschloss bei mir, diese Türe nicht zu öffnen, um niemals von ihnen getrennt zu werden. Ich ging jetzt und öffnete die erste Schatzkammer. Als ich hineinkam, fand ich einen Garten wie ein Paradies. Es waren mannigfaltige Früchte darin, dicht ineinander verflochtene Zweige, singende Vögel, murmelnde Gewässer. Mein Herz weitete sich bei diesem Anblick.

Ich lief zwischen den Bäumen umher, atmete den Wohlgeruch der Blumen, hörte das Gespräch der Vögel, die den einzigen mächtigen Gott priesen. Wie ein Dichter von Äpfeln sagte:

»Mancher Apfel vereinigt zwei Farben, wie die aneinanderliegenden Wangen eines Liebespaares, welches auf einem Polster sich umarmt und erschreckt wird. Sie errötet vor Scham und er erblasst vor Furcht.«

Ich sah dann Birnen, die besser als Rosenwasser und Zucker schmeckten und angenehmer als Moschus und Ambra rochen. So wie ein Dichter sagte:

»Quitten vereinigen alle Annehmlichkeiten der Welt und sind als die vorzüglichsten Früchte bekannt; sie schmecken wie Wein, haben den Wohlgeruch des Moschus, ihre Farbe ist golden und ihre Form wie die des Mondes.«

Ich bemerkte auch Aprikosen, die dem Auge so wohl gefallen wie Rubin, ging dann aus diesem Garten und verschloss die Türe. Am folgenden Morgen öffnete ich eine andere Türe; hier sah ich einen großen Platz, in dessen Mitte ein Bach einen Kreis bildete, und rings umher waren allerlei wohlriechende Blumen gepflanzt: Rosen, Jasmin, weiße Rosen, Narzissen, Veilchen, Levkojen, Anemonen und Lilien; es wehte gerade ein leiser Wind über diese Blumen, so dass der ganze Raum mit Wohlgerüchen angefüllt war; ich verweilte hier und fing an, meinen Kummer zu vergessen. Als ich fortging, schloss ich auch diese Türe und öffnete eine dritte. Hier fand ich einen großen Saal mit verschiedenem Marmor und anderen kostbaren Steinen dekoriert. Es waren Käfige von Sandel- und Aloeholz darin mit singenden Vögeln, Nachtigallen, Ringeltauben, Turteltauben und noch vielen anderen Tieren. Hier ward mir ganz wohl und mein Kummer verließ mich. Ich ging schlafen und am folgenden Morgen öffnete ich die vierte Türe. Hier stand ein großes Haus mit vierzig Schatzkammern rings herum, alle mit offenen Türen. Ich ging hinein und sah Perlen, Smaragde, Rubine, Karfunkel und ganze Haufen von Silber und Gold; mir schwindelte der Kopf, als ich so viele Reichtümer sah und dachte, solche Schätze können nur großen Königen gehören. Und ich glaube, dass wenn alle Könige der Erde sich vereinigten, sie nicht einmal so viel zusammenbringen könnten. Ich ward ganz heiter und dachte: jetzt bin ich der König meiner Zeit, der Herr so mannigfaltiger Dinge, Reichtümer und Mädchen, die niemand außer mir hat.

So, meine Gebieterin, brachte ich meine Tage und meine Nächte zu, bis neunund-

dreißig Nächte vorüber waren, es blieb also nur noch ein Tag übrig; schon hatte ich alle neunundneunzig Türen geöffnet, und es blieb die hundertste allein, diejenige, die man mir eben verboten hatte. Diese verschlossene Türe beunruhigte und quälte mich, der Teufel bemächtigte sich meiner und ich hatte nicht Kraft genug, zu widerstehen. Zwar blieb nur noch eine Nacht übrig, dann wären die Mädchen zurückgekehrt, um wieder ein ganzes Jahr bei mir zu bleiben. Aber der Teufel überwältigte mich, ich öffnete die mit rotem Golde beschlagene Türe; als ich hineintrat, umfing mich ein so feiner und zugleich starker Geruch, dass ich zu Boden stürzte. Ich machte mir aber wieder Mut und ging vollends in diese Schatzkammer hinein, deren Boden mit Safran bestreut war; ich fand wohlriechende Wachskerzen und silberne und goldene Lampen, in denen die feinsten Öle brannten; die Wachskerzen waren mit Ambra und Aloeholz besteckt; dann sah ich zwei große Rauchfässer, wie ein Waschbecken, mit Kohlen und Weihrauch, aus denen der Dampf des Moschus und Safran in die Höhe stieg. Ich bemerkte dann auch ein Pferd, das tiefschwarz war, schwärzer noch als die Nacht. Vor ihm war eine Krippe von weißem Kristall, auf der einen Seite lag geschälter Sesam und auf der anderen stand Rosenwasser. Das Pferd hatte einen Zaum an und war mit einem goldenen Sattel bedeckt. Dieses Pferd erregte bei mir das größte Staunen, ich dachte, es müsse eine hohe Bedeutung haben. Der Teufel trieb mich dann wieder an, und ich führte das Pferd ins Freie und saß auf; es wich aber nicht von der Stelle. Ich spornte es an, aber es bewegte sich nicht. Darüber geriet ich in Zorn und schlug es mit der Peitsche. Als es den Hieb fühlte, da wieherte es wie der Donner, schlug zwei Flügel auf und flog dann mit mir vom Schloss weg in die Luft, bis man es nicht mehr sehen konnte. Es ließ sich dann mit mir auf dem Dach eines anderen Schlosses nieder, schüttelte mich von seinem Rücken ab, schlug mir heftig mit dem Schweif ins Gesicht, so dass mein Auge auf meine Wange auslief und ich halbblind war. Ich sagte: »Es gibt keinen Schutz und keine Macht, außer beim Erhabenen Gott!« So hatte ich nicht geruht, bis ich wie die übrigen jungen Männer geworden war. Als ich vom Dache herunter ins Schloss stieg, fand ich die zehn blau überzogenen Diwane und siehe da, es war das Schloss der zehn halbblinden Jünglinge, deren Rat ich nicht befolgt. Ich hatte mich kaum auf einem dieser Diwane niedergelassen, da kamen auch schon die Jünglinge mit dem Alten herbei.

Als sie mich sahen, sagten sie weder »Willkommen« noch »Gruß dem Gaste«, sondern die Worte: »Bei Gott, wir beherbergen dich nicht mehr, denn auch du bist nicht der Gefahr entronnen.« Ich erwiderte ihnen: »Es geschah so, weil ich nicht ruhte, bis ich euch nach der Ursache eurer beschmierten Gesichter gefragt hatte.« Sie aber sagten: »Es ging einem jeden von uns wie dir: auch wir hatten das schönste und angenehmste Leben und konnten uns nicht vierzig Tage gedulden, um dann wieder ein Jahr zu essen, zu trinken und uns zu belustigen; auf seidenen Stoffen zu schlafen, den Wein aus kristallenen Gefäßen zu schlürfen und an einem schönen Busen auszuruhen. Wir begnügten uns nicht in unserem Übermute, bis unsere Augen ausgeschlagen waren, und nun weinen wir über das, was vorüber ist.« Ich sagte ihnen: »Nehmt es mir nicht übel; da ich nun Euresgleichen bin, so reicht mir die rußigen Schüsseln, dass auch ich mein Gesicht schwärze«, wobei ich heftig weinte. Sie sprachen aber: »Bei Gott, wir beherbergen dich nicht, du kannst nicht bei uns bleiben. Ziehe fort nach Bagdad, dort findest du vielleicht Hilfe um dein Missgeschick zu mildern.« Nun war mir sehr bang, als sie mich fortjagten. Ich überdachte alles Unglück, das mir widerfahren war und sagte zu mir: es ist wahr, es war mir wohl, da ließ mir mein Übermut keine Ruhe. Nun ward ich so verzweifelt, dass ich meinen Bart nebst meinen Augenbrauen abscheren ließ, der Welt entsagte und als halbblinder Bettelmönch ins Land Gottes wallfahrtete. Gott ließ mich nun glücklich diesen Abend nach Bagdad gelangen, wo ich diese beiden fand, die nicht wussten, wohin sie wollten; ich grüßte sie und sagte ihnen, dass ich fremd wäre; sie sagten, auch sie wären Fremde; so trafen wir drei Halbblinde am rechten Auge zu unserem größten Erstaunen zusammen. Dies, oh meine Gebieterin, ist die Ursache, warum ich mein Auge verloren und meinen Bart abgeschoren habe.‹

Da sprach die Gebieterin: »Dein Leben ist dir geschenkt, ziehe fort mit deinen Kameraden und dem Träger.« Aber alle riefen: »Bei Gott, wir weichen nicht von hier, bis wir die Geschichte unserer Gefährten hier vernommen.« Die Gebieterin wandte sich jetzt zum Kalifen, dem Dschaafar und Masrur, und sagte zu ihnen: »Erzählt mir eure Geschichte!«

Da entgegnete der Dschaafar: »Wir sind aus Mosul und kamen mit Waren hierher. Als wir in eurem Land einkauften und verkauften, lud uns diese Nacht einer eurer Kaufleute zu einer Mahlzeit. Zugleich aber auch von unserer Gesellschaft alle, die in demselben Wirtshaus wohnten. Wir gingen zu ihm und brachten eine schöne Zeit bei ihm zu; der Wein war klar, der Saal hübsch, nicht minder die Sängerinnen. Man hatte von Verschiedenem gesprochen, da kam es zu einem lauten Wortwechsel zwischen den Gästen. Der Polizeibeamte erschien, nahm einige von uns fest, während andere die Flucht ergriffen. Zu letzteren gehörten auch wir, aber wir fanden das Wirtshaus geschlossen, da es erst am Morgen wieder geöffnet wird. Nun waren wir in Verlegenheit und wußten nicht, wohin wir uns wenden sollten. Auch fürchteten wir, von den Beamten eingeholt und festgenommen zu werden, was unserem Rufe hätte schaden können. Nun leitete uns das Geschick zu euch; wir hörten schönen Gesang und fröhliches Gespräch und dachten, dass hier ein großes Fest gehalten würde, wo viele Leute beisammen sind. Wir entschlossen uns, einzutreten, um euch unsere Dienste anzubieten und die Nacht bei euch angenehm zu vollenden. Ihr glaubtet uns, wart so gütig, uns einzulassen, und seid sehr gefällig und achtungsvoll gegen uns. Jetzt wisst ihr, warum wir hierher gekommen.«

Da riefen die Bettelmönche: »Wir wünschen sehr, oh Gebieterin, dass du uns diese drei Leute schenkst, damit wir alle gut von hier entlassen werden.« Die Gebieterin

wandte sich sogleich zu der ganzen Gesellschaft und sprach: »Es sei so!«, und alle gingen nun fort aus dem Haus.
Der Kalif fragte dann die Bettelmönche, wo sie hin wollten, da doch die Morgenröte noch nicht angebrochen sei. Jene antworteten: »Bei Gott, wir wissen es nicht.« Da versetzte er: »Kommt, schlaft bei uns.« Der Kalif sagte dann heimlich zu seinem Dschaafar: »Diese Leute werden bei dir übernachten, morgen aber bringe sie zu mir, damit wir eines jeden Geschichte und Abenteuer aufzeichnen.« Der Dschaafar befolgte den Befehl des Kalifen. Dieser ging in sein Schloss, konnte aber vor vielem Nachdenken über die Geschichten der Bettelmönche, die Königssöhne waren, und sich nun in einem solchen Zustande befanden, nicht einschlafen. Er konnte den Morgen kaum erwarten, wo er sich dann auf den Thron setzte und dem Dschaafar, der zu ihm hereintrat und die Erde vor ihm küsste, sagte: »Es ist keine Zeit zu verlieren, hole mir schnell jene Frauen, damit ich eine Geschichte höre, bring auch die Bettelmönche mit. Eile aber schnell!« Als der Kalif dies sehr heftig ausrief, eilte der Dschaafar fort, und nach einer Weile kam er mit den drei Mädchen und den drei Bettelmönchen wieder. Er stellte die ersteren vor den Kalifen und die letzteren hinter einen Vorhang. Dann sprach der Dschaafar: »Wir sind gnädig zu euch, denn ihr seid uns mit Güte und Gastfreundschaft entgegen gekommen. Ihr wisst wohl nicht, vor wem ihr hier steht. Ich will euch aber bekannt machen. Ihr seid hier in Gegenwart des Siebenten der Abbasiden, ihr steht vor Raschid, Sohn des Mahdi, Sohn des Hadi, Sohn des Saffah, Sohn des Manssur. Seid also beredter Zunge und sicheren Blicks und sagt nur die Wahrheit. Seid aufrichtig, meidet die Lüge, sollte auch die Wahrheit euch wie das Feuer der Hölle brennen.«

Der Todesengel vor zwei Königen und einem Frommen

Illustriert von Lee Misenheimer

Man erzählt ferner: Einer der älteren Könige wollte sich einst im höchsten Glanz, von allen Großen des Reiches umgeben, seinem Volke zeigen. Er ließ sich von seinem Kammerdiener die kostbarsten Kleider bringen und von seinem Stallmeister die schönsten Pferde vorführen. Nachdem er das schönste gewählt hatte, ritt er, ganz in Gold und Perlen und allerlei Edelsteinen gehüllt, mit glänzendem Gefolge von seinem Schloss weg und begab sich mitten unter seine Truppen. Hier ließ er sein Rennpferd stolz umherschreiten und Satan blies Eitelkeit und Hochmut in seine Nase, so dass er voll Selbstgefallen zu sich selbst sagte: Wer in der Welt kann sich mit mir vergleichen?

Während der König so stolz umhersprengte und vor Hochmut niemanden ansah, kam auf einmal ein Mann in zerrissenen Kleidern auf ihn zu und grüßte ihn. Der König erwiderte seinen Gruß nicht. Da ergriff der Mann die Zügel seines Pferds. Als der König dies sah, sagte er ihm; »Ziehe deine Hand zurück, du weißt nicht, wessen Zügel du ergriffen.« – »Ich habe ein Anliegen.« – »Warte, bis ich absteige, dann magst du mir vortragen.« – »Ich kann nicht warten, bis du absteigst, mein Anliegen duldet keinen Aufschub.« – »So sprich denn!« – »Ich muß es dir allein sagen.« Da neigte der König sein Ohr zu ihm hin und der Mann sagte ihm ins Ohr: »Ich bin der Todesengel und komme, um deine Seele zu holen.« – »Warte doch, bis ich meiner Frau, meinen Kindern und meinen Nachbarn Lebewohl sage.« – »Das kann nicht sein, deine Lebenszeit ist vorbei, die siehst du nie mehr wieder. Ich muss deine Seele sogleich haben.« Sobald der Todesengel dies gesagt hatte, fiel der König tot von seinem Pferd zur Erde.

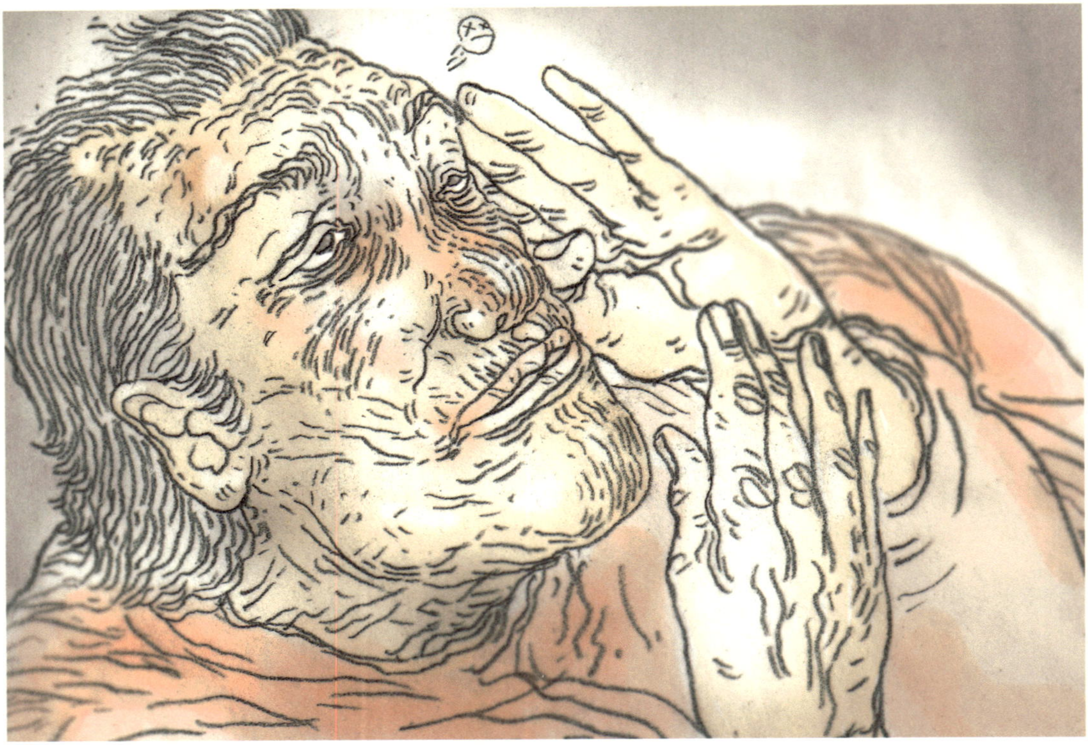

Der Todesengel begab sich hierauf zu einem frommen, gottgefälligen Mann, grüßte ihn und sagte ihm: »Ich habe dir, oh frommer Mann, ein Geheimnis anzuvertrauen.« – »Sage es mir ins Ohr.« – »Ich bin der Todesengel.« – »Sei mir willkommen! Gelobt sei Gott, der dich zu mir gesandt; ich erwarte deine Ankunft schon seit langer Zeit mit vieler Sehnsucht.« – »Wenn du vorher irgend ein Geschäft zu verrichten hast, so tue es.« – »Ich kenne kein wichtigeres Geschäft, als meinem Herrn zu begegnen.« – »Wie soll ich deine Seele holen? Gott hat mir befohlen, ich möchte dir die Wahl lassen.« – »So warte, bis ich mich wasche und bete, dann töte mich beim Niederfallen.« Der Mann wusch sich nun und betete, und als er betend niederfiel, nahm der Engel seine Seele und brachte sie an den Ort des Erbarmens, der Verzeihung und der Seligkeit.

Ebenso wird erzählt: Einst sammelte ein König unzählbare Schätze und ließ sich ein großes Schloss bauen mit zwei festen Toren, die von vielen Dienern, Soldaten und Beamten bewacht wurden. Eines Tages lud er seine Freunde, seine ganze Familie und viele seiner Beamten ein. Als er bei dem Festmahl auf seinem königlichen Diwan ganz stolz dasaß, sagte er zu sich: du hast dir alle Annehmlichkeiten

der Welt verschafft, genieße sie auch und freue dich des Glücks, um das du dich solange bemüht. Kaum hatte er geendet, als ein Mann in zerrissenen Kleidern, mit einem Bettelsack um den Hals, an die Tür des Schlosses klopfte, dass das ganze Schloss erzitterte. Die Diener liefen erschrocken zur Tür und riefen dem Klopfenden zu: »Wehe dir! Was ist das für eine Ungezogenheit und Frechheit? Warte, bis der König gespeist hat, dann wird man dir geben von dem, was übrig bleibt.« Der Fremde sagte: »Sagt eurem Herrn, er soll zu mir herauskommen, ich habe ihm etwas Wichtiges mitzuteilen.« – »Wer bist du, Elender, dass du den König zu dir herausbitten läßt?« Sie gingen zu ihrem Herrn und meldeten es. Da sagte der König: »Habt ihr ihn nicht fortgejagt?« Während aber der König dies sagte, klopfte es noch einmal an die Tür, heftiger als vorher. Die Diener sprangen mit Stöcken auf die Tür zu. Er aber schrie sie an: »Bleibt an eurer Stelle! Ich bin der Todesengel.« Da erzitterte ihr Herz und sie konnten sich vor Angst nicht mehr bewegen. Der König rief ihm zu: »Nimm einen anderen!« Aber der Todesengel erwiderte: »Ich bin nur deinetwegen gekommen und werde keinen anderen nehmen. Ich will dich von allen Schätzen, die du angehäuft hast trennen.« Als der König dies hörte, seufzte und weinte er und schrie: »Gott verdamme das Geld, das mich geblendet und abgehalten hat, meinem Herrn, gepriesen sei sein Name, zu dienen. Ich glaubte, es würde mir nützen, aber es war zu meinem Verderben.«
Da verlieh der Erhabene Gott dem Geld eine Sprache und es rief aus: »Warum fluchst du mir? Fluche lieber dir! Gott hat uns beide aus Staub geschaffen; mich hat er in deine Hand gegeben, damit du dir einen Vorrat schaffst. Damit du den Armen und Schwachen Almosen gibst, Moscheen, Brücken und Häuser zum allgemeinen Wohl errichten lässt. Statt dessen hast du mich gehortet und nur zu deinem Vergnügen verwendet; du hast meinen Wert nicht erkannt. Jetzt bleibt dir nur Verderben und Reue. Was kann ich dafür?« Sobald das Geld so gesprochen hatte, nahm der Todesengel des Königs Seele, während er noch auf seinem Thron saß.
So spricht Gott der Erhabene: »Während sie sich noch vergnügen mit dem, was ihnen geschenkt wurde, urteilen wir über sie und geben sie der Verzweiflung preis.«

Der versteinerte Prinz

Illustriert von Sophie Toulouse

›Wisse, oh Herr! Mein Vater war König dieser Stadt, sein Name war Sultan Mahmud, er regierte ungefähr siebzig Jahre lang über die Berge dieser Inseln. Als er starb, regierte ich an seiner Stelle und heiratete meine Base, die mich so sehr liebte, dass, wenn ich nur einen Tag von ihr abwesend war, sie weder aß und trank, bis ich wieder bei ihr war; sie lebte auf diese Weise fünf Jahre mit mir. Eines Tags ging sie ins Bad, ordnete ein Nachtessen an, dann kam ich in dieses Schloss und schlief hier, an dem Ort, wo du dich jetzt befindest; ich ließ zwei Sklavinnen zu mir kommen, mich zu beräuchern. Eine saß mir zu Häupten und die andere zu Füßen. Es war mir nicht recht wohl, ich konnte nicht schlafen, obschon meine Augen geschlossen waren, ich atmete schwer. Da hörte ich, wie die eine Sklavin zur anderen sagte: »Oh Masuda, sieh unseren armen Herrn! Schade für seine Jugend, die er mit unserer verfluchten Herrin zubringen muss.« – »Schweige!«, sagte die andere, »Gott verdamme die Verräterinnen und Buhlerinnen. Es passt wirklich ein junger Mann, wie unser König, nicht zu dieser Hure, die keine Nacht zu Hause schläft.« – »Aber unser Herr ist sehr dumm«, versetzte die erstere wieder. »Er sollte es doch merken, wenn er nachts erwacht und sie nicht neben sich findet.« – »Weh dir«, sagte die zweite, »Gott verdamme die Hure, unsere Gebieterin, die ihm einen Schlaftrank gibt, dass er wie ein Toter schläft. Dann geht sie aus, bleibt bis zum Morgen weg, wo sie dann ihren Mann aufweckt mit Räucherwerk, das sie ihm vor seine Nase hält. Schade um ihn!«, beschloss sie ihr Gerede.

Als ich‹, sagte der Jüngling, ›dieses Gespräch der beiden Sklavinnen hörte, ward ich sehr aufgebracht. Wie nun meine Frau aus dem Bade kam, konnte ich die Nacht nicht erwarten, wir ließen den Tisch bereiten, aßen ein wenig, gingen dann zu Bett, sie reichte mir wieder einen Schlaftrank, ich tat, als wenn ich tränke, goss

ihn aber aus, dann stellte ich mich, als wenn ich schliefe und streckte mich auf dem Lager aus. Da sprach sie: »Schlafe! Oh mögest du nie mehr erwachen! Bei Gott, deine Gestalt ist mir zum Ekel, ich bin deiner satt.« Sie stand dann auf, kleidete sich an, beräucherte sich, umgürtete mein Schwert, öffnete die Türe und ging hinaus; ich stand auf und folgte ihr durch die ganze Stadt nach bis ans Tor, ohne dass sie mich bemerkte. Sie sagte am Tor etwas, das ich nicht verstand, die Riegel fielen und das Tor öffnete sich von selbst, sie ging zum Tor hinaus, ich folgte ihr, bis sie zwischen einigen Schutthaufen an eine kleine Hütte aus Ziegelsteinen kam. Ich stellte mich auf das Dach der Hütte und belauschte sie, und siehe da, meine Frau stand vor einem alten schwarzen Sklaven, der auf einem Bündel Schilfrohr saß, ganz in Lumpen gekleidet. Sie küsste die Erde vor ihm. Der Sklave hob seinen Kopf zu ihr auf und sagte: »Wehe dir, wo bleibst du so lange? Soeben waren meine schwarzen Vettern da, und haben sich mit ihren Liebchen vergnügt und haben getrunken. Ich wollte nichts trinken, weil du nicht da warst.« Da sagte meine Frau: »Oh mein Herz! Geliebter meines Herzens! Weißt du nicht, dass ich mit meinem Vetter verheiratet bin? Dass ich die Welt hasse, weil ich ihn sehen muß. Wenn ich nicht um dich fürchten würde, so ließe ich die Sonne nicht aufgehen, ehe ich seine Stadt verwüstet hätte, dass Nachteulen und Raben darin herumschrien und Füchse und Wölfe darin wohnten. Ich würde ihre Steine hinter den Berg Kaf werfen.« – »Du lügst«, sagte der schwarze Sklave, »du Verdammte! Ich schwöre dir bei der Ehre meiner Väter, dass wir von dieser Nacht an nicht mehr mit meinen Vettern zusammenkommen. Ich werde gar nicht mehr dein Freund sein und dich nicht mehr berühren. Du Verdammte spielst nur so mit uns. Sind wir denn nur für deine Lust da, du Übelriechende!« Als ich hörte, wie er mit ihr umging, ward die Welt ganz schwarz vor mir, ich wusste nicht mehr, wo ich war. Meine Frau fing an zu weinen und sagte zu dem Schwarzen: »Oh Geliebter meines Herzens! Was bleibt mir, wenn du mir zürnst? Wer nimmt mich auf, wenn du mich verjagst? Oh mein Geliebter, mein Herz, mein Augenlicht!« Sie hörte nicht auf, vor ihm zu weinen und zu flehen, bis er wieder gut war; da freute sie sich, legte einige Kleider ab und sagte: »Mein Herr, hast du nichts zu essen für deine Sklavin?« Er antwortete: »Decke diese Schale auf!« Sie deckte sie auf und fand darin ein Stück von einer Maus; dieses aß sie. Dann sagte er ihr: »In diesem Krug ist noch Bier, trinke es!« Sie trank, wusch ihre Hand und setzte sich dann zu ihm auf das Bündel Schilfrohr

inmitten der Lumpen. Ich stieg vom Dach herunter, nahm mein Schwert, mit dem meine Frau gekommen war und schwang es, um beide zu töten. Ich schlug zuerst dem schwarzen Sklaven auf den Hals und glaubte schon, mit ihm fertig zu sein, aber ich durchschlug nur die Haut, das Fleisch und die Kehle. Die Halsadern waren jedoch nicht durchschnitten. Ich glaubte indessen, ihn getötet zu haben. Er schrie laut auf und meine Frau fiel seitwärts so, dass sie hinter mir war. Ich legte dann das Schwert nieder an seine Stelle, kehrte zur Stadt zurück, ging ins Schloss, begab mich in mein Bett und blieb bis zum Morgen liegen. Als meine Frau zurückkam, sah ich, dass sie ihre Haare abgeschnitten und Trauerkleider angezogen hatte. Sie sagte mir: »Oh mein Vetter, wirst du dich wohl dem, was ich tue widersetzen wollen? Wisse, ich habe Nachricht erhalten, dass meine Mutter gestorben ist, dass mein Vater im heiligen Kriege umgekommen, dass einer meiner Brüder durch einen Schlangenbiss und ein anderer durch einen Sturz das Leben verloren; ich muss daher weinen und trauern.« Als ich dies hörte, ließ ich sie gehen und sagte ihr: »Tu was du willst, ich werde dich nicht hindern.« Sie verharrte nun ein volles Jahr in Weinen und Trauern. Nach einem Jahr sprach sie zu mir: »Ich möchte, dass du mir im Hause eine Grabstätte mit einem Zimmer bauen ließest, damit ich darin allein trauern könnte. Ich will es das Trauergebäude nennen.« Ich sagte ihr wieder: »Tu, was dir gut dünkt!« Jetzt erteilte sie sogleich Befehl, ließ sich das Trauerhaus bauen, und in dessen Mitte eine Kuppel errichten. Den alten verwundeten Sklaven aber brachte sie in die Grabeshöhle. Diesem war nicht mehr zu helfen. Er lebte zwar, denn seine Zeit war nicht abgelaufen, auch konnte er noch trinken, aber seit dem Tag an dem ich ihn verwundet hatte, nicht mehr sprechen. Meine Frau besuchte ihn nun morgens und abends, und weinte und brachte ihm Wein und Fleischsuppen. So verging ein ganzes Jahr, in welchem ich dies alles mit Geduld ertrug. Nach diesem Jahr ging ich ihr einmal nach, ohne dass sie es merkte; ich hörte, wie sie weinte und sagte: »Oh mein Geliebter! Oh mein Herz! Warum muss ich das von meiner Liebe erfahren? Warum sieht dich mein Auge nicht ständig und warum in einem solchen Zustand? Warum sprichst du nicht mit mir. Oh sage mir doch etwas!« Dann fügte sie noch folgende Verse hinzu:

»Ein Tag der Wunscherfüllung ist der, an welchem ich eure Nähe gewonnen, ein Tag des Unheils der, an welchem ihr euch von mir trennt. Wenn ich in der größten Angst und Furcht übernachte, so ist mir eure Nähe doch süßer als die gewisseste Sicherheit. Lebte ich im schönsten Wohlbehagen und besäße ich die ganze Welt, und das Reich der Chosroen, es wäre nicht mehr wert als der Flügelschlag einer Mücke, wenn mein Auge dich nicht sähe.«

Als sie dies vollendet hatte, sagte ich zu ihr: »Base, höre doch einmal auf zu trauern! Du hast genug vergebens geweint.« Sie antwortete mir: »Widersetze dich meinem Willen nicht, sonst bringe ich mich um.« Ich schwieg und überließ sie ihrem Zustand; sie aber fuhr wieder ein Jahr lang fort zu trauern, zu weinen und zu wehklagen. Nach dem dritten Jahr, an einem Tag, wo ich gerade eines unangenehmen Ereignisses willen im Zorn war, ging ich ihr wieder nach, denn nun dauerte mir diese Qual doch zu lange; ich fand sie bei der Grabeshöhle unter der Kuppel und hörte, wie sie sagte: »Werde ich denn, oh mein Herr, kein einziges Wort mehr von dir vernehmen? Nun gibst du mir schon drei Jahre keine Antwort.« Dann vernahm ich folgende Verse von ihr:

»Oh Grab! Oh Grab! Haben seine Reize aufgehört zu sein? Ist seine blühende Gestalt von dir gewichen? Oh Grab, du bist ja doch kein Himmel und kein Lustgarten, wie kann Sonne und Mond sich in dir vereinigen?«

Mein Zorn nahm überhand, als ich diesen Jammer hörte und ich rief: »Wehe, wie

lange wird dieser Schmerz noch dauern.« Dann aber sprach ich folgende Verse:
»Oh Grab! Oh Grab! Haben seine Unvollkommenheiten noch nicht aufgehört? Hat sein abscheulicher Blick sich von dir gewandt? Oh Grab, du bist ja doch kein Teich und kein Topf, wie kann Schmutz und Ruß sich in dir vereinigen?«
Als sie meine Verse hörte, stand sie auf und sagte: »Wehe dir, du Hund! Du hast mir dies getan, du hast den Geliebten meines Herzens verwundet und hast mich um meine Jugend durch seinen Tod gebracht. Nun ist er schon drei Jahre weder tot noch lebendig.« Ich antwortete: »Oh du abscheulichste, du schmutzigste Dirne unter allen, die sich Sklaven hingeben! Freilich habe ich dies getan.« Jetzt entblößte ich mein Schwert und ging auf sie zu, um sie zu töten. Als sie dies sah, rief sie lachend: »Ziehe dich zurück, wie ein Hund! Was vorüber ist, kehrt nicht mehr wieder, bis die Toten wieder auferstehen. Gott hat mir Macht gegeben über den, der mir etwas getan, worüber in meinem Herzen ein unauslöschliches Feuer entfacht ist.« Sie stellte sich dann aufrecht auf die Füße, sprach etwas, das ich nicht verstand und rief dann: »Werde durch meine Kraft und meinen Zauber halb Stein und halb Mensch!« Ich ward nun sogleich, wie du mich jetzt siehst, oh Herr! Betrübt und niedergeschlagen, kann ich weder stehen, noch sitzen, noch schlafen, ich bin nicht tot bei den Toten und lebe nicht mit den Lebendigen.
Als ich so wurde, wie du mich jetzt siehst‹, erzählte der verzauberte Mann ferner, ›erhob sich meine Frau und verzauberte die Stadt mit allen Gärten und Marktplätzen, und dies ist der Ort, wo jetzt deine Zelte mit den Truppen sind. Die Bewohner der Stadt waren Muselmanen, Christen, Juden und Feueranbeter. Sie verzauberte nun die Muselmanen in weiße Fische, die Feueranbeter in rote, die Christen in blaue und die Juden in gelbe. Die Inseln verwandelte sie in vier Berge, mit einem See umgeben. Aber nicht genug. Sie kommt jeden Tag, gibt mir hundert Streiche, bis mein Blut fließt und meine Schultern wund sind; dann umkleidet sie meinen Oberleib mit einem härenen Stoff und hüllt darüber dieses Ehrenkleid.‹
Der junge Mann weinte hierauf und sprach folgende Verse:
»Ich trage standhaft deinen Beschluss und dein Urteil, oh Gott! Ich habe Geduld, wenn du an diesem Zustande Wohlgefallen hast. Man hat mir Unrecht und Gewalt angetan, doch wird vielleicht das Paradies mir meinen Verlust ersetzen. Gewiß, oh mein Gott, entgeht deinem Auge kein Übeltäter, ich bete daher zu dir: schütze mich gegen das Unrecht meiner Quäler.«

Der Sultan sprach zu dem verzauberten Mann: »Du hast zwar meine Wissbegierde gestillt, doch meinen Kummer nur noch vermehrt. Wo, junger Mann, ist sie und wo ist der Sklave?«
»Mein Herr«, antwortete hierauf der junge Mann, »der Sklave liegt in der Grabstätte unter der Kuppel, und sie ist in dem Saal, dieser Tür gegenüber; sie besucht den alten Sklaven täglich bei Sonnenaufgang, und wenn sie dann zurückkommt, gibt sie mir die hundert Streiche. Ich schreie und weine, kann mich aber nicht bewegen, um sie zu bändigen. Ich habe keine Kraft, mich zu verteidigen, weil die eine Hälfte meines Körpers aus Stein und nur die andere Hälfte aus Fleisch und Blut ist. Nach meiner Züchtigung geht sie dann wieder zum Sklaven, gibt ihm Wein und Brühe zu trinken, und am Morgen früh kehrt sie wieder zurück.« Da sprach der König: »Bei Gott, junger Mann, ich werde hier etwas tun, was lange nach mir allenthalben erzählt werden wird.« Er setzte sich hierauf nieder und unterhielt sich mit dem jungen Mann bis zur Nacht. Sie schliefen dann bis in den Morgen. Dann machte sich der König auf, legte einen Teil seiner Kleider ab, zog sein Schwert aus der Scheide und ging zur Grabstätte. Hier erblickte er viele Wachskerzen

und Lampen, Weihrauch, wohlriechende Öle und andere Aromen; er schritt auf den Sklaven zu, tötete ihn und warf ihn in einen Brunnen, der im Schlosse war. Dann zog er des Sklaven Kleider an, legte sich tief in die Grabeshöhle, behielt aber immer sein bloßes Schwert unter den Kleidern. Nach einer Weile kam die verruchte Zauberin, und das erste, was sie tat, war, ihren Vetter zu entkleiden und ihn tüchtig durchzuprügeln. Ihr Vetter schrie: »Oh weh Base, habe Mitleid mit mir, ich habe genug gelitten. Der Zustand, in dem ich mich befinde, genüge dir!« Sie aber antwortete: »Hast du wohl mit meinem Geliebten Mitleid gehabt?«

Als die Zauberin ihren Vetter geschlagen hatte bis sie müde war und das Blut von seinen Seiten herabfloss, kleidete sie ihn in ein härenes Kleid, legte ein linnenes darüber und ging dann zu ihrem Geliebten. Sie nahm, wie gewöhnlich, Wein und Brühe mit, und als sie unter die Kuppel trat, fing sie an zu weinen und zu schreien: »Oh Geliebter, es war doch sonst deine Gewohnheit nicht, mir deine Nähe zu versagen. Oh stoße mich nicht länger zurück! Besuche mich wieder, denn dein Besuch gibt mir Leben. Oh komm zu mir, die Trennung ist doch nicht deine Gewohnheit. Bleibe nicht fern von mir, denn unsere Feinde frohlocken über uns! Oh mein Herr, sprich mit mir!« Sie fügte diesen Klagen noch folgende Verse hinzu:

»Wie lange noch diese Zurückhaltung? Diese Pein? Habe ich noch nicht genug Tränen vergossen? Oh mein Geliebter, sprich doch mit mir, sage mir doch etwas, oh meine Seele, antworte mir doch!«

Da sprach der König mit schwerer Zunge und tiefer Stimme, so wie die Schwarzen reden: »Ach, ach, ach, es gibt keinen Schutz und keine Macht, außer bei dem Erhabenen Gott.« Als sie ihn sprechen hörte, freute sie sich so sehr, dass sie in Ohnmacht fiel. Als sie wieder zu sich gekommen war, sprach sie: »Oh mein Herr, hast du wirklich mit mir gesprochen? Ist es wahr, dass du mich angeredet?« Da erwiderte der König: »Du Verfluchte, verdienst du wohl, dass jemand dich anrede?« Sie fragte: »Warum dies?« Und er antwortete: »Du quälst deinen Gemahl den ganzen Tag, er schreit immer um Hilfe, so dass ich gar nicht schlafen kann, er weint und klagt von abends bis morgens und flucht dir und mir. Nun ist mir dies schon längst zum Überdruss und höchst lästig. Wäre dies nicht, ich wäre längst wieder genesen. Das ist die Ursache, warum ich dir so lange nicht geantwortet und nichts mit dir gesprochen habe.« Sie antwortete hierauf: »Mit deiner Erlaubnis, mein Herr, will ich ihn befreien.« Und da er zu ihr sagte: »So befreie ihn denn, dass wir einmal

Ruhe vor ihm bekommen«, ging sie hinaus, nahm eine Schüssel voll Wasser, sprach etwas darüber, bis es zu kochen und aufzuwallen anfing, wie ein Topf auf dem Feuer. Sie besprengte hierauf ihren Gemahl damit und sprach: »Bei der Wahrheit dessen, was ich eben gesehen und gesprochen, hat dich Gott so geschaffen oder aus Zorn dir diese Gestalt gegeben, so verändere dich nicht. Bist du aber durch meine Zauberkunst so geworden, so nimm durch die Kraft des Schöpfers der Welt deine frühere Gestalt wieder an!«

Sogleich erhob sich der junge Mann ganz aufrecht, freute sich seiner Befreiung und dass er lebte, und rief: »Gott sei gelobt!« Die Frau aber sagte ihm: »Geh von mir hinweg und komme nie wieder hierher, sobald ich dich wieder sehe, töte ich dich.« Als er weggegangen war, kehrte sie zur Kuppel zurück, trat in die Grabeshöhle hinunter und sagte: »Oh mein Herr, komme doch heraus, damit ich deine schöne Gestalt wiedersehe.« Der König antwortete wieder in einer Sprache, die der eines Schwarzen glich: »Wohl hast du mir jetzt vor einem Zweige Ruhe verschafft, nun aber schaffe mir auch Ruhe vor dem Stamme!« Sie antwortete: »Oh mein Herr, was ist denn der Stamm?« – »Wehe dir«, versetzte er, »du Verruchte, es sind die Bewohner der Stadt und der vier Inseln! Denn jede Nacht um Mitternacht strecken die Fische ihre Köpfe in die Höhe, schreien um Hilfe und fluchen mir; darum kann ich nicht gesund werden. Gehe also schnell hin und befreie sie. Dann kehre wieder zurück, gib mir die Hand und hilf mir aufstehen, denn ich bin der Genesung schon wieder sehr nahe.« Als sie dies hörte, freute sie sich über die gute Botschaft und sprach: »Recht gern, mein Herr, im Namen Gottes, mein Herz!« Sie machte sich dann auf, ging zum See und nahm ein wenig Wasser daraus und sprach einiges über das Wasser. Da fingen die Fische an zu tanzen, ihr Zauber löste sich und die Stadtbewohner standen wieder da, kauften und verkauften, gaben und nahmen. Sie kehrte jetzt wieder zur Kuppel und sprach: »Oh mein Herr, gib mir deine edle Hand und steh auf!« Da sagte der König mit tiefer Stimme: »Komm näher!« Sie trat näher zu ihm hin. »Komm noch näher!«, rief er wieder. Als sie nun hierauf ganz nahe zu ihm hinging, bis sie ihn berührte, sprang der König auf, spaltete sie mit dem Schwert in zwei Teile und warf sie so geteilt auf den Boden, dann ging er hinaus und fand den entzauberten Mann, der ihn erwartete und den er zu seiner Rettung beglückwünschte.

Der junge Mann küsste die Hand des Sultans, dankte ihm und wünschte ihm viel

Gutes. Der König fragte ihn: »Willst du in deiner Stadt bleiben oder willst du mit mir in meine Stadt kommen?« Da erwiderte der junge Mann: »Oh Herr der Zeit und Meister deines Jahrhunderts, weißt du wohl, wie weit von meiner Stadt zu der deinigen ist?« – »Eine halbe Tagesreise«, antwortete der König. Aber der junge Mann sagte ihm: »Erwache doch! Man braucht ein volles Jahr von deiner Stadt zur meinigen. Als du hierher kamst, war die Stadt verzaubert und der Weg dahin deswegen so nahe. Jetzt kann ich dich keinen Augenblick verlassen.« Da sagte der König: »Gelobt sei Gott, der dich mir beschert, du sollst nun mein Sohn werden, da ich in meinem Leben noch mit keinem Sohn beschenkt worden bin.« Sie umarmten sich, küssten sich, dankten einander und freuten sich. Als sie miteinander ins Schloss kamen, sagte der entzauberte König den Großen und Ausgezeichneten seines Reichs, dass er nun eine Reise machen wolle; er packte dann ein, was er für die Reise brauchte. Die Fürsten und Kaufleute der Stadt brachten ihm alles, was er brauchte, und er machte zehn Tage lang Vorbereitungen für die Reise. Dann reiste er ab mit dem Sultan, dessen Herz sich nach seiner Residenz sehnte, von der er so lange abwesend war. Er nahm fünfzig Sklaven mit und hundert Ladungen an

Geschenken, Vorräten und Gütern. Die Sklaven mussten sie auf der Reise bedienen, die sie ein ganzes Jahr lang, Tag und Nacht, fortsetzten.
Gott hatte ihnen eine glückliche Zeit bestimmt. Sie langten in der Stadt an und ließen sogleich dem Wesir sagen, dass der Sultan glücklich angekommen sei. Der Wesir, alle Truppen und die überwiegende Anzahl der Einwohner zogen höchst erfreut dem Sultan entgegen, denn schon hatten sie alle Hoffnung verloren, ihn jemals wiederzusehen. Sie schmückten die Häuser der Stadt und breiteten seidene Teppiche auf den Boden aus. Nachdem die Truppen alle vorübermarschiert waren, blieb der Wesir beim Sultan. Es verbeugten sich alle vor dem Sultan und brachten ihm ihre Glückwünsche dar. Der König setzte sich auf den Thron und erzählte seinem Wesir alles, was dem jungen Mann widerfahren war. Er erzählte ihm auch, was er selbst dessen Base getan, und wie er dadurch jenen und die ganze Stadt befreit habe. Was der Grund dafür war, dass er ein ganzes Jahr abwesend war. Der Wesir wandte sich hierauf zu dem jungen Mann und wünschte ihm Glück zu seiner Rettung. Der König bestätigte dann die Verweser und Adjutanten, einen jeden in seinem Rang, verteilte Ehrenkleider und machte viele Geschenke. Er schickte auch nach dem Fischer, der die Ursache der Befreiung des jungen Mannes und der Einwohner gewesen war. Als jener erschien, beschenkte er ihn und fragte ihn, ob er Kinder habe. Nachdem dieser geantwortet hatte, er habe einen Sohn und zwei Töchter, musste er sie gleich holen. Der König heiratete die eine und der junge Mann die andere junge Frau. Hierauf machte der König den Fischer zu seinem Schatzmeister. Dem Wesir verlieh er eine Ehrenkette und schickte ihn als Sultan in die Stadt der schwarzen Inseln, nachdem er ihn hatte schwören lassen, dass er ihn besuchen werde. Die fünfzig Sklaven, die er mitgebracht hatte, gab er ihm mit sowie viel Volk, und die übrigen Großen und Statthalter wurden reichlich beschenkt. Der Wesir verabschiedete sich dann, küsste dem König die Hand und reiste ab. Der Sultan und der junge Mann blieben in der Stadt, und der Fischer ward einer der reichsten Leute jener Zeit und seine Töchter waren mit Königen verheiratet.

Geschichte Schaddads und der Stadt Irem, die auf Säulen stand

Illustriert von Matthias Gephart

Man erzählt: der König Schaddad beherrschte die ganze Welt, und sein Volk, die älteren Aditen, hatten durch Gottes Willen sehr große und starke Körper erhalten, so dass sie sich sagten: wer ist stärker als wir? Darum heißt es auch im Koran: sahen sie denn nicht ein, dass Gott, der sie geschaffen hat, stärker ist als sie? Gott schickte ihnen dann den Propheten Hud, der sie zum Gehorsam und zur Verehrung Gottes mahnen sollte. Schaddad aber sagte zum Propheten Hud: „Wenn ich an deinen Gott glaube, was werde ich davon haben?" Der Prophet, Gottes Friede sei mit ihm, antwortete ihm: „Er wird dir im Himmel ein Paradies schenken mit Schlössern von Gold, Hyazinthen, Perlen und allerlei Edelsteinen." Da sagte Schaddad: „Ich kann mir in dieser Welt schon ein solches Paradies schaffen, und bedarf deiner Versprechungen nicht." Der Priester Kaab berichtet: Gott habe Moses in der Thora diese Geschichte erzählt und ihm über die Stadt Irem, die auf Säulen stand, folgendes mitgeteilt: Schaddad gab hundert seiner Emire den Befehl, ein weites, ebenes Land zu suchen, das mit viel Wasser und gesunder Luft gesegnet sei, um dort eine goldene Stadt zu erbauen. Die Emire schwärmten aus, jeder von tausend Mann begleitet, und sie suchten im Lande Jemen, bis sie an den Berg Aden kamen. Dort fanden sie ein quellenreiches Land, wie es der König wünschte, in einer sehr günstigen Lage.

Nachdem sie ihm Kunde davon gegeben hatten, schickte der König seine Baumeister dahin und ließ eine viereckige Stadt bauen, die vierzig Pharasangen im Umfang hatte; man gründete sehr tief auf massiven Pfeilern, damit die Stadt sich bis zum Himmel erheben konnte. Dafür behaute man Steine aus Jemen.

Über der Erdoberfläche benutzte man rote Backsteine für die Mauern, die hunderte Ellen hoch und mehrere Ellen breit waren. Schaddad schickte dann auch seine Männer zu den Bergwerken und Silberminen um tausend reich ausgestattete Schlösser für die goldene Stadt bauen zu lassen. Die Schlösser ruhten mit ihren Prunkgemächern auf tausend mit Edelsteinen geschmückten Säulen und erhoben sich weit in den Himmel hinauf. Hernach ließ Schaddad Kanäle graben, und deren Ufer mit Datteln und anderen Bäumen bepflanzen. Zum Schluss wurden vier Tore an die Stadtmauern gesetzt, jedes hundert Ellen hoch und zwanzig Ellen breit und alle aufs Feinste verziert. Als der Bau der Stadt vollendet war, ließ Schaddad von weit her, von Osten und Westen allerlei seidenen Teppiche, Vorhänge, Diwane und Betten in die Schlösser bringen, sowie alle Arten von Speisen und Getränken, Früchten und Süßigkeiten, auch Wachslichter, Weihrauch, Aloe, Ambra und Kampfer. Dann ließ er mehrere tausend schöne und reichgeschmückte Mädchen in die Stadt einziehen, mit zahlreichem Gefolge und Dienerschaft. Schaddad besah nun die Stadt und sie gefiel ihm so gut, dass er sagte: „Nun habe ich schon jetzt auf Erden, was mir der Prophet Hud erst nach dem Tode verhieß." Aber als er sein

neues Schloss beziehen wollte, da befahl Gott einem seiner Engel, die Stadt zu tilgen. Der Engel schrie die Aditen grimmig an und in einem einzigen Augenblick war ihr Leben vom Todesengel ausgelöscht.
Wie es im Koran heißt: und Gott vernichtete das alte Volk Ads. Die Stadt blieb nach Gottes Willen den Augen der Menschen verborgen. Nur in der Nacht glimmen in jener Wüste die Spuren davon auf. Einst ging einer der Gefährten des Propheten, sein Name war Abdallah, in jene Gegend, um ein verirrtes Kamel zu suchen. Er sah die Mauern der Stadt Irem mit den goldenen Schlössern auf den hohen Säulen; er gab Kunde davon, aber trotz vieler Anstrengungen konnte man nie etwas finden.

Die Illustratoren

Catalina Estrada Uribe
»Aladin und die Wunderlampe«
Kolumbien, lebt und arbeitet
in Barcelona, Spanien.
katika@katika.net
www.katika.net

Cecilia Carlstedt
»Sindbads fünfte Reise«
Schweden, lebt und arbeitet
in Stockholm, Schweden.
mail@ceciliacarlstedt.com
www.agentform.se

Dr. Alderete & El Valiente
»Sindbads dritte Reise«
Mexiko, leben und arbeiten
in Mexico City, Mexico.
contacto@jorgealderete.com
www.jorgealderete.com
www.zoveck.com

Ella Tjader
»Sonderbares Gebet eines Pilgers«
Litauen, lebt und arbeitet
in Glasgow, Schottland.
contact@artlaundry.com
www.artlaundry.com

Jens Harder
»Der freigiebige Hund«
Deutschland, lebt und arbeitet
in Berlin, Deutschland.
jens@monogatari.de
www.monogatari.de

Jules Langran
»Sindbads vierte Reise«
England, lebt und arbeitet
in Lewes, England.
me@jules.net
www.jules.net

Julia Pfaller
»Sindbads zweite Reise«
Deutschland, lebt und arbeitet
in Berlin, Deutschland.
jp@juliapfaller.de
www.juliapfaller.de

Katharina Leuzinger
»Geschichte der drei Äpfel«
Schweiz, lebt und arbeitet
in London, England.
katleuzinger@tiscali.co.uk
www.katleuzinger.com

Kate Sutton

»Sindbads sechste Reise«
England, lebt und arbeitet in Southport, England.
kate@sleepycow.com
www.sleepycow.com

Lee Misenheimer

»Der Todesengel vor zwei Königen und einem Frommen«
USA, lebt und arbeitet in New York, USA.
lee@destroyrockcity.com
www.destroyrockcity.com

Luise Vormittag & Nicola Carter

»Geschichte Sindbads, des Seefahrers«
Österreich & England, leben und arbeiten in London, England.
info@container.me.uk
www.container.me.uk

Mads Berg

»Sindbads siebte Reise«
Dänemark, lebt und arbeitet in Kopenhagen, Dänemark.
post@madsberg.dk
www.madsberg.dk

Matthias Gephart

»Geschichte Schaddads und der Stadt Irem, die auf Säulen stand«
Deutschland, lebt und arbeitet in Dortmund, Deutschland.
info@disturbanity.com
www.disturbanity.com

Pipa

»Geschichte des dritten Bettelmönches«
Brasilien, lebt und arbeitet in London, England.
pipa@epwww.com
www.epwww.com

Simone Legno

»Sindbads erste Reise«
Italien, lebt und arbeitet in Los Angeles, USA.
simone@tokidoki.it
www.tokidoki.it

Sophie Toulouse

»Der versteinerte Prinz«
Frankreich, lebt und arbeitet in Paris, Frankreich.
nationofangela@mac.com
www.sophietoulouse.com

1001 Nacht – Die illustrierten Märchen aus Tausendundeiner Nacht

Herausgegeben von Robert Klanten und Hendrik Hellige
Layout/Projektmanagement: Hendrik Hellige
Lektorat: Anne Fina
Produktionsmanagement: Vinzenz Geppert
Cover- & Intro-Illustrationen: Hendrik Hellige
Logotypeface basiert auf dem Font »Orient«
von Wolfgang Rosenthal, www.i-o-n.de/Fontvertrieb: www.volcano-type.de

Printed in Germany

Bibliografische Information der Deutschen Bibliothek
Die Deutsche Bibliothek verzeichnet diese Publikation in der Deutschen Nationalbibliographie; detaillierte bibliografische Daten sind im Internet über http://dnb.ddb.de abrufbar.

ISBN 3-89955-086-2